Kirche kann viel mehr –
wenn sie sich traut

Kirche kann viel mehr – wenn sie sich traut

Hoffnungsgeschichten aus der Citypastoral

Herausgegeben von
Iñaki Blanco
Paul Kowalski
Marieke Kräling
Kerstin Leitschuh
Claudia Plociennik
Simone Twents
Bernadette Wahl

HERDER
FREIBURG · BASEL · WIEN

MIX
Papier aus verantwortungsvollen Quellen
FSC® C014496

www.herder.de
Satz: SatzWeise, Bad Wünnenberg
Herstellung: GGP Media GmbH, Pößneck
Printed in Germany
ISBN Print: 978-3-451-39627-4
ISBN E-Book (PDF): 978-3-451-83167-6

Inhalt

Geleitwort 8
Bischof Dr. Michael Gerber

Vorwort 10
Simone Twents

Prolog
Auf der Straße morgens um vier 12
Claudia Plociennik

Teil 1: Enttäuschungen

Aufhören, an eine falsche Wirklichkeit zu glauben

Es hat Gründe, wenn keiner mehr kommt
Warum uns neue Leute stören 17
Simone Twents

Wir werden nicht gesehen, wir werden nicht verstanden
Ein 40 Meter hoher Kirchturm bringt noch keine Sichtbarkeit 41
Marieke Kräling

Gut gemeint reicht nicht
Die Gesellschaft erwartet Professionalität –
auch von uns 56
Marieke Kräling

54.000 Sekunden
Die Gefahr, dass sich Kirche nur um sich selbst dreht 69
Iñaki Blanco

Teil 2: Offenbarungen
Erst wer hinschaut, sieht, was passiert

Spirituell obdachlos
Wenn Menschen ihr Zuhause verlieren 87
Bernadette Wahl

Gott ist größer, als ich denke
Er kommt nicht erst, wenn ich ihn rufe 105
Simone Twents

Was kann ich für Sie tun?
Den Selbstverwirklichungsmodus verlassen 125
Claudia Plociennik

Der Parkplatz vom Aldi
Hingehen, wo sich das Leben abspielt 147
Iñaki Blanco

Gott auf der Tanzfläche
Kulturoptimismus als Haltung 163
Bernadette Wahl

Teil 3: Ermutigungen
Kirche kann so viel mehr

Kommune, Nachbar, Verein
Kooperationen außerhalb der Komfortzone 181
Kerstin Leitschuh

Mit Heilig-Geist-Momenten rechnen
Sich gönnen, Gelegenheitsfresser zu sein 198
Kerstin Leitschuh

Es gibt immer etwas Größeres
Wie wir unsere eigene Botschaft
wieder ernst nehmen 212
Paul Kowalski

Epilog
Es fängt gerade erst an 232

Mehr als eine Checkliste: acht praktische Tipps . . 234

Anhang:

Kriterien citypastoraler Projekte im Bistum Fulda . 235

Das Autorinnen- und Autoren-Team 238

Geleitwort

Ich stelle mir vor, Paulus käme heute in eine unserer Städte, nach Fulda, Marburg, Kassel oder Hanau, vielleicht auch nach Hamburg, Magdeburg oder Bielefeld. Sicher käme er nicht allein. Wie damals auch hätte er Gefährtinnen und Gefährten dabei. Auch heute würde diese Gruppe ihre Erfahrungen beständig miteinander austauschen, sowohl innerhalb der Gruppe als auch mit externen Gesprächspartnern. Vermutlich würde die Gruppe um Paulus zunächst einmal sondieren: Wo treffen sich die Menschen in der Stadt? Wo finden wir Suchende? Ziemlich sicher würden sie bei ihren Recherchen an ungewöhnlichen Orten landen, wie damals bei Lydia in Philippi am Fluss. Gewiss würden sie auch Projekte an strategisch wichtigen Orten starten, wie etwa auf dem Athener Areopag. Sprachlich wären sie gut aufgestellt und hätten auch keine Scheu, Wörter aus der Alltagssprache in ihre Verkündigung zu integrieren.

Wenn ich die Citypastoral an den vier Standorten im Bistum Fulda beobachte, entdecke ich viel von der Haltung des Paulus und seiner Gefährtinnen und Gefährten – übersetzt in unsere Zeit. Manches ist sehr spezifisch auf eine bestimmte Situation hin entwickelt, anderes hat Pioniercharakter. Von den konkreten Erfahrungen und vor allem auch von der zugrunde liegenden Haltung können wir lernen – gerade dann, wenn trotz bester Absicht längst nicht alles gelingt – wie bei Paulus auf dem Areopag.

Den Verantwortlichen der Citypastoral bin ich dankbar für ihren Pioniergeist. Hinter dem Buch steckt eine sehr paulinische Überzeugung: Wir haben etwas Wichtiges erfahren, von dem wir glauben, dass es wert ist, erzählt zu werden, damit es anderen Menschen entscheidende Impulse geben kann. Lassen wir uns davon inspirieren und kommen wir so IHM auf die Spur, der längst schon dort ist, wo wir bislang noch nie waren.

Dr. Michael Gerber
Bischof von Fulda

Vorwort

Liebe Leserin, lieber Leser,
dieses Buch erzählt Hoffnungsgeschichten aus der Citypastoral.

Warum Hoffnungsgeschichten?
Weil wir die Erfahrung machen, dass zwischen Gott, Menschen und Kirche viel Gutes passiert. Genau jetzt und hier, in unserer Kultur der Gegenwart. Diese ermutigenden Erfahrungen möchten wir nicht für uns behalten. Im Gegenteil, wir sind der Überzeugung, dass dieser Ansatz, als Kirche zu handeln, auch für viele andere Bereiche neu und belebend sein kann.

Warum Citypastoral?
In der Citypastoral der letzten Jahre gibt es erfreuliche Entwicklungen. Nach Beginn mit den ersten Willkommens-Diensten und Kirchenläden vor 30 Jahren versteht sich die Citypastoral der Zukunft als inspirierende Kommunikation im öffentlichen Raum. Eine Kommunikation, die mit Gott rechnet, neugierig auf Begegnungen mit Menschen ist, zeitgenössische Kulturen wertschätzt und sich mit Partnerinnen und Partnern aus Kultur und Gesellschaft verbindet.

Mit dieser Idee sind wir seit fünf Jahren unterwegs und merken: Wir rennen damit offene Türen ein. Ich bin überzeugt: Das kann Kirche auch anderswo. Darum gibt es dieses Buch.

Warum dieses Buch?
Kirche kann viel mehr – wenn sie sich traut. Das ist der Punkt. Denn die neuen Wege liegen außerhalb der bisherigen kirchlichen Komfortzone. Dort liegen so viel mehr Möglichkeiten, als wir als Kirche bisher vermuten oder erwarten. Probieren Sie es aus! Dazu möchte Sie dieses Buch ermutigen.

Ich wünsche Ihnen viel Spaß beim Lesen – und vielleicht eine kleine heilsame Unruhe.

Simone Twents
Diözesanverantwortliche für die Citypastoral
im Bistum Fulda

Prolog

Auf der Straße morgens um vier

Claudia Plociennik

Suchend schaue ich mich um. Inmitten der morgendlichen Dunkelheit versuche ich, mich zu orientieren. In diesem Stadtteil war ich noch nie. Vor allem nicht zu dieser frühen Stunde. Da höre ich plötzlich Geräusche. Ist da etwa doch schon jemand wach? Tatsächlich, nur ein paar Meter entfernt von mir, entdecke ich einen älteren Herren. Er trägt die typische Dienstkleidung der Straßenreinigung unserer Stadt und leert soeben die Papierkörbe auf dem öffentlichen Parkplatz. Auch er ist ganz allein. Außer seinem kleinen Müllauto sehe ich niemanden. Ob ich ihn direkt ansprechen und „Frohe Ostern" wünschen soll? Ach, ich weiß nicht, ob ich mich das traue. Ach, was solls. Ich gehe zu ihm. In der Hand halte ich das letzte Ostergruß-Osterglocken-Töpfchen der Citypastoral. In den letzten zwei Stunden hatte ich schon in anderen Stadtteilen über 200 Stück versteckt. Überraschte Augen blicken mich an. Ich merke, wie diese mich kritisch mustern, als ich erkläre, dass ich von der katholischen Kirche sei. Prompt entwickelt sich ein Gespräch zwischen uns. Ich merke, dass er – um es milde zusammenzufassen – sehr enttäuscht über seine Erfahrungen mit der Kirche berichtet. In seiner rauen und handfesten Art schildert er mir Situationen aus seiner Kindheit bis heute, wo er sich ungesehen, nicht willkommen oder gar schikaniert von der Institution gefühlt hat. Er selbst habe nie aufgehört, an die Idee von Gott zu glauben. Stolz zeigt er auf sein „faith"-

Tattoo, das er am Handgelenk trägt. – „Aber mit Kirche will ich nichts zu tun haben. DIE wollen ja auch nichts mit mir zu tun haben. Haben sich nie für mich interessiert." Stirnrunzelnd schaut er mich an: „Was machen Sie eigentlich hier, Ostersonntag um 4:30 Uhr"?

„Ich höre Ihnen zu", antworte ich. Überrascht hält er inne. Nimmt mein Geschenk entgegen. Sein Gesicht wird ganz weich. Behutsam stellt er die Osterglocken auf den Autositz. Er ist sichtlich gerührt von unserer Begegnung. Dann steigt er in sein Müllauto und fährt seinem weiteren Arbeitstag entgegen.

Ostermorgen 2021.

Da ist etwas geschehen in diesem Moment. Da war Gott ganz nah.

Solche Begegnungen und Erfahrungen sind wie Funken eines Lauffeuers. Das möchten wir weitertragen. Deshalb halten Sie dieses Buch in Ihren Händen. Wir möchten Sie eintauchen lassen in die Geschichten unseres Berufsalltags – als Referentinnen und Referenten der Citypastoral im Bistum Fulda. Erleben Sie hautnah, wie wir Pionierarbeit an den verschiedenen Standorten in Kassel, Marburg, Hanau und Fulda gestalten. Erfahren Sie mehr über die prägenden Eindrücke, die wir dabei sammeln.

Dieses Buch berichtet von unserem Scheitern und unserem Gelingen, im urbanen Raum anders Kirche zu sein – unperfekt, lernend und suchend. In diesem Buch möchten wir mit Ihnen gemeinsam eine Kirche ins Auge fassen, die Worte, Gesten und Formen findet, um Menschen von heute mit Gott in Begegnung zu bringen.

Wir sind davon überzeugt, dass das, was wir erleben, auch in anderen Kontexten möglich ist. Vielleicht auch bei Ihnen. Wir laden Sie auf eine gemeinsame Reise durch dieses Buch ein.

Sie beginnt bei vier Enttäuschungen, führt zu fünf Offenbarungen und mündet in drei Ermutigungen und acht Tipps.

Lassen Sie sich inspirieren und davon mitreißen, dass Kirche viel mehr sein kann – wenn sie sich traut.

Wir wünschen Ihnen viel Freude beim Lesen.

Teil 1: Enttäuschungen

Aufhören, an eine falsche Wirklichkeit zu glauben

„Es ist nicht unser wirkliches Problem als Kirche, dass Menschen kein Interesse mehr am Glauben haben; sondern dass wir es nicht schaffen, sie hereinzulassen.“

Simone Twents

Es hat Gründe, wenn keiner mehr kommt

Warum uns neue Leute stören

Simone Twents

Was ist da passiert?

„Nein, das geht nicht, wir haben nur ‚für Verstorbene' und ‚in besonderer Meinung'", sagt die Pfarr-Sekretärin zu Greta (Name geändert) am Telefon. Greta hat sie angerufen mit der Bitte, am Sonntag im Gottesdienst für eine junge Frau und ihre Tochter zu beten, die seit einem Jahr getauft und neu in die Gemeinde gezogen sind. „Das geht nicht, wir haben nur ‚für Verstorbene' und ‚in besonderer Meinung'." – Wer diesen Satz versteht, beweist bereits hohe katholische Binnenkenntnis. Es geht um Gebetsintentionen des katholischen Gottesdienstes, die Gläubige gegen eine Spende im Pfarrbüro bestellen können.

Was ist passiert? – Greta und ich sind gemeinsam Taufpatinnen von Madlen, einer Frau Anfang zwanzig, und ihrer kleinen Tochter. Ein Jahr ist es her, dass die beiden zusammen die Taufe empfangen haben. Wir haben Madlen bei unserem offenen Glaubenskurs im katholischen Stadthaus kennengelernt.

Im Anschluss an den Kurs hat sie um die Taufe gebeten. Und uns gefragt, ob wir ihre Patinnen sein möchten. Eine Freude und eine Ehre. Außer uns und den Kursteilnehmenden kennt sie keine anderen Christinnen und Christen. Die Taufe gibt ihr die Kraft, sich aus einer toxischen Beziehung zu lösen. Stellt ihr Leben auf neue Füße.

Ein Jahr nach der Taufe hat Madlen die Idee: „Kommt, wir feiern unseren ersten Tauftag. Die Taufe hat so viel in meinem Leben verändert. Wir könnten hier in meine Kirche gehen und danach bei mir zusammen kochen und essen und vielleicht beten und Lieder singen."

Nein, das geht nicht, wir haben nur ‚für Verstorbene' und ‚in besonderer Meinung'.

Greta, selbst auch kirchliche Quereinsteigerin, hat die Idee: „Es wäre doch super, wenn bei dir in der Kirche am Sonntag dann für dich und deine Tochter gebetet wird. Ich glaube, man kann da irgendwie anrufen und eine Spende geben, und dann wird der Name beim Gebet genannt." Madlen ist begeistert: „Oh, das wäre so toll! Wenn sie für uns beten würden, das wäre einfach der Hammer!"

Also findet Greta den Kontakt zum Pfarrbüro heraus und ruft dort an – in der Meinung, mit einem ganz simplen und plausiblen Anliegen zu kommen. Dann bekommt sie eine kalte Dusche als Antwort: „Nein, das geht nicht. Wir haben nur ‚für Verstorbene' und ‚in besonderer Meinung'."

Greta versucht, verständlich zu machen, wie wertvoll ein persönliches Gebet für die junge Frau sei, was es für sie bedeutet, neu in diese Gemeinde gezogen zu sein und überhaupt erstmals zu einer Kirche zu gehören. Aber im Pfarrbüro gibt es dafür keine Kategorie. Gretas Anruf wirkt wie eine Zumutung. Schließlich seufzt die Pfarrsekretärin und sagt: „Na gut, ich rede mit dem Pfarrer."

Als wir am Sonntag in der Kirche sitzen und uns den Fürbitten nähern, wird Madlen immer aufgeregter: „Gleich beten sie für uns!"

Schließlich kommen die Fürbitten – nichts. Und dann: „Wir beten für unsere Verstorbenen, besonders für Madlen ..." Und ihr Name wird genannt – falsch ausgesprochen allerdings ...

Madlen fällt fast in Ohnmacht vor Schrecken! „Hoffentlich ist das jetzt kein schlechtes Omen! Steht mir etwa etwas Schlimmes bevor?“ Sie ist fix und fertig.

Für neue Christinnen und Christen nicht zuständig?

Was ist passiert? Madlen hat einfach nicht ins Muster gepasst. Falsches Puzzle-Teil. Sie löst eine Irritation aus.

Dabei wundert mich nicht so sehr das, was gesagt wurde, sondern viel mehr das, was nicht gesagt wurde. Ich dachte, wenn eine junge Frau mit Kind frisch getauft in eine Gemeinde zieht und ihren Glauben leben möchte, da würden alle Glocken anspringen.

Ich dachte, man freut sich über eine frisch getaufte Christin und fühlt sich zuständig.

Ich finde nicht, dass der konkreten Bitte unbedingt entsprochen werden muss. Aber ich dachte, dass man sich über eine frisch getaufte Christin freut und sich zuständig fühlt.

Zum Beispiel:

„Wie gut, dass Sie anrufen. Wir kommen als Gemeinde gerne mit der jungen Frau in Kontakt und schauen, wie wir sie auf ihrem Glaubensweg gut unterstützen können. Wir haben Kindergottesdienste und eine Bibelgruppe. Wenn Sie mögen, bleiben Sie doch nach dem Gottesdienst noch an der Kirche stehen. Der Pfarrer oder jemand vom Team kommt auf Sie zu.“

Oder auch:

„Namen von lebenden Personen nennen wir im Gottesdienst nicht ausdrücklich. Aber wir beten gerne für die junge Frau. Wenn die Formulierung ‚in besonderer Meinung‘ kommt, darf sie wissen, dass sie gemeint ist. Wenn Sie möchten, kommen Sie

gerne im Anschluss an den Gottesdienst in die Sakristei, dann kann der Pfarrer ihr einen persönlichen Segen spenden. Ein erster Tauftag ist ja etwas Besonderes."

Warum fühlt diese Gemeinde sich nicht zuständig? Und warum ist eine Bitte um Gebet so kompliziert?

Natürlich spielt System-Blindheit eine Rolle. Die merkt man irgendwann nicht mehr. Aber es irritiert, dass Menschen gar nicht auf den Schirm kommen, bei denen es um den allerwesentlichsten Kern geht: den Glauben. Das bedeutet eine Ausgrenzung und kommt auf der anderen Seite als Desinteresse an.

Dabei ist diese Kirchengemeinde keine schlechte Gemeinde, sondern eine relativ lebendige. Es geht hier nicht um schlecht gemachte Arbeit, sondern um die Frage:

Wieso haben wir uns so stark in unseren gemeindekirchlichen Formen eingerichtet, dass neue Leute darin mit ihrem Glauben keinen Platz mehr finden?

Die Formen, in denen Kirche sich hauptsächlich bewegt, sind nicht auf Einzelne und ihr individuelles Glaubenswachstum ausgelegt. Sondern auf klassische Arbeit in großen Gruppen und festen Formaten, auf langfristige Mitgliedschaft und Vertrautheit, auf gemeinsame Gewohnheiten, auf Personen, die man schon lange kennt, auf Insiderwitze und Gemütlichkeit.

Warum haben wir uns so in unseren Gemeinden eingerichtet, dass neue Leute darin keinen Platz mehr finden?

Es ist ein Club.

Selbst für langjährige Katholikinnen und Katholiken, die durch Umzug neu in eine Gemeinde kommen, ist es oft schwer, hineinzukommen. Um wie viel schwerer ist es für Personen, für die Glaube und Kirche neu sind? – Zu eingeschworen ist diese Gemeinschaft.

Kirche ist ein Club

Das haben Madlen und ich auch erfahren. Nach der Taufe sind wir sonntags oft gemeinsam in ihrer Gemeinde im Gottesdienst. Immer in der ersten Reihe. Die kleine Tochter von Madlen liebt die Kirche, saugt fasziniert alles auf. Nie werden wir angesprochen. Weder vom Pfarrer noch von anderen Gläubigen. Als wären wir nicht da, als hätten sie uns nicht gesehen. Dabei sind wir nicht zu übersehen. Das irritiert mich. Noch nicht mal mit Kind wird man angesprochen. Als Single kenne ich das ja, aber ich dachte mit Kind vielleicht ... Es waren doch noch andere Leute mit Kindern da. Das schafft doch Verbindung, dachte ich.

Wer ein Anliegen hat, merkt: Wir sind eine Insider-Kirche.

Madlen selbst sagt nicht ein einziges schlechtes Wort über die Gemeinde oder die Leute. Sie ist immer positiv, fasziniert, mag den alten Pfarrer, seine Art zu predigen, liebt das Katholische: den Kirchenraum, das Weihwasser, den Segen, die Kommunion. Sie hätte aber von sich aus nicht den Mut, jemanden anzusprechen.

Selst draußen sein – eine Schlüsselerfahrung

Mir haben meine Erlebnisse mit Madlen die Augen geöffnet. Sie sind für mich eine Schlüsselerfahrung geworden, die mich verändert hat.

Als langjährige kirchliche Insiderin bin ich auf einmal in der Position von jemandem, der von außen kommt und ein Anliegen an die Kirche hat – und merke zum ersten Mal, wie irritierend das sein kann. Durch mein erwachsenes Patenkind Madlen habe ich die Seiten gewechselt und erlebe meine Kirche aus der Perspektive der Nutzerinnen und Nutzer, die von außen kommen. Und merke: Wir sind eine Insider-Kirche.

Gemeinden und kirchliche Gruppen kommen mir oft vor wie Thermoskannen: mit hoher Innenwärme, aber dicken Außenwänden. Schwer zu durchdringen. Die Wärme gilt nur für die, die drin sind. Von außen gefühlt, bleibt es kalt.

Ganz typisch für einen Club. Es kommt nicht jeder rein. Es gibt ganz bestimmte Regeln. Die werden auch nicht verändert, weil es eben die Clubregeln sind. Menschen, die die ungeschriebenen Gesetze nicht kennen, gehören nicht dazu. Diese Gesetze kennt man nur, wenn man von Kind an darin aufgewachsen ist. Der Club hat seine eigene Sprache. Zugehörigkeit erkennt man daran, ob jemand die sprachlichen Codes beherrscht. Menschen, die neu dazukommen wollen, finden kaum eine Möglichkeit, mitzumachen.

Gemeinden sind oft wie Thermoskannen: mit hoher Innenwärme, aber dicken Außenwänden.

Es hört sich vielleicht ein bisschen hart an, aber ich behaupte:

Es ist nicht unser wirkliches Problem als Kirche, dass Menschen kein Interesse mehr am Glauben haben. Sondern dass wir es nicht schaffen, sie hereinzulassen.

Es gibt Menschen, die sich mit ihrem Glauben auseinandersetzen wollen. Aber unsere lieb gewonnenen Formen helfen ihnen dabei nicht weiter. Daher tauchen sie bei uns nicht auf. Und wir selbst schaffen es nur selten, unsere Muster zu verlassen.

Natürlich ist es auch wahr, dass die Gottesfrage an sich an Relevanz verloren hat. Es gibt nicht nur eine Krise der Kirche und ihrer Formen, sondern auch einen Verlust an Plausibilität für die Idee, dass es einen persönlichen Gott gibt, zu dem ich in Beziehung treten kann. Natürlich tauchen auch deshalb viele Menschen nicht mehr bei uns auf.

Und natürlich ist es auch soziologisch so, dass das Modell langjähriger Mitgliedschaften insgesamt ein Auslaufmodell ist. Das geht Gewerkschaften, Parteien und Vereinen nicht anders. Auch bei ihnen sinken die Zahlen. Menschen binden sich nicht mehr so gerne langfristig an feste Strukturen. Auch an unsere nicht.

Aber können wir uns auf diese Argumente zurückziehen? Ich finde nicht. Weil es nämlich weiterhin viele Menschen gibt, die sich von Gott auf persönliche Weise angesprochen wissen. Denen Sinn wichtig ist. Und weil wir für diese Menschen nur sehr unzureichend da sind. Obwohl es Kirche genau dafür gibt!

Unsere Formen dienen nicht mehr der Gottsuche der meisten Menschen. Sie schließen aus.

Diese Erkenntnis tut vielleicht erst mal weh. Trotzdem möchte ich Sie einladen, ihr in diesem Kapitel nicht auszuweichen, sondern ein größeres Bewusstsein dafür zu entwickeln:

Wir haben uns so stark in unseren gemeindekirchlichen Formen eingerichtet, dass neue Leute darin mit ihrem Glauben keinen Platz mehr finden. Unsere Formen dienen nicht mehr der Gottsuche der meisten Menschen. Sie schließen aus.

Bei dieser schmerzhaften Erkenntnis will ich aber nicht stehen bleiben, sondern ich möchte Ihnen in diesem Kapitel Lust machen, einen Dreh nach außen zu vollziehen. Eine Outsider-Perspektive einzunehmen. Begegnungen mit Menschen außerhalb des kirchlichen Binnenbereichs zu suchen und sich für sie und ihre Geschichte zu interessieren. Neue Erfahrungen zu machen – jenseits vertrauter Muster.

Daher frage ich auch:

Was können wir anders machen, um für Menschen, die einen Glaubensweg suchen, hilfreich zu sein?

Und was könnte Schönes passieren, wenn wir uns Menschen zuwenden, die nicht in unsere Muster passen?

95 Prozent der Mitglieder passen nicht in den Club

Nur rund fünf Prozent der katholischen Kirchenmitglieder besuchen regelmäßig einen Gottesdienst.[1] Allein im Jahr 2021 sind in Deutschland rund 360.000 Menschen aus der katholischen Kirche ausgetreten. Das entspricht einer Stadt in der Größe von Wuppertal.[2]

Dabei ist die Austrittswahrscheinlichkeit bei Menschen zwischen 25 und 34 Jahren am höchsten. Das hat das Forschungszentrum Generationenverträge der Uni Freiburg festgestellt.[3] Das betrifft die Generation am Beginn ihrer Erwerbstätigkeit. Wenn die erste Gehaltsabrechnung kommt, Leute die einbehaltene Kirchensteuer sehen, und sich fragen: „Was habe ich eigentlich bisher von Kirche gehabt?“ Und womöglich feststellen: Sie hatte bisher nichts mit meinem Leben zu tun.[4]

Was habe ich eigentlich, bisher von der Kirche gehabt?

Was ist, wenn die 95 Prozent der Kirchenmitglieder, die nicht mehr zum Gottesdienst gehen, das nicht aus Desinteresse am Glauben tun, sondern weil sie in der jetzigen Form nichts finden, was an ihren Glauben anknüpft und ihr Leben betrifft?

Durch Corona ist die Kirchenbesuchs-Bereitschaft noch mal um etwa die Hälfte gesunken. Besuchten 2019 in Deutschland noch 9,1 Prozent den Gottesdienst, waren es

2021 nur noch 4,3 Prozent[5]. Manche pastorale Verantwortliche erklären dies mit Bequemlichkeit und der Gewöhnung an die Streaming-Gottesdienste im eigenen Wohnzimmer.

Ich höre aber in Gesprächen, dass es um viel mehr geht als um Gewöhnung und Bequemlichkeit: Auch bei Gläubigen, die sich stark mit ihrem Glauben identifizieren, ist die Bereitschaft gesunken, den Gottesdienst zu besuchen, wenn er für sie inhaltlich und qualitativ nicht stimmig ist. Wenn er sie nicht nährt. Wenn sie sich dadurch nicht bestärkt fühlen in ihrem Glauben. Weil er zu weit weg ist von ihrem Leben. Gläubige suchen sich eigene Lösungen – und solange es diese vor Ort nicht gibt, weichen sie lieber ins Digitale aus, als weiterhin Kompromisse zu machen.

Unsere Angebote und Sozialformen sind nur noch für eine Minderheit von fünf Prozent unserer eigenen Mitglieder relevant.

Wir sehen das. Wir wissen das. Wir tun es vielleicht sogar selbst. Trotzdem schaffen wir es als Kirche nur sehr punktuell, unsere eingefahrenen Formen und Muster zu überwinden.

Wir machen uns nur ungern bewusst, dass unsere Angebote und Sozialformen nur noch für eine Minderheit von rund fünf Prozent unserer eigenen Mitglieder relevant sind. 95 Prozent unserer Mitglieder, die mit ihrer Kirchensteuer die Kirche finanzieren, bekommen keine ihnen entsprechenden Angebote für ihren Glauben.

Im Gegenteil: Sie perlen meist einfach an der Regenhaut der guten alten Gemeindegewohnheiten ab. Sie bleiben unsichtbar. Vor allem dann, wenn sie nicht aus dem gemeindetypischen bürgerlichen Milieu kommen. Diese unbewusste Milieuverengung schließt per se viele Menschen aus. Nur 5 Prozent der Kirchenmitglieder profitieren von den bisherigen Formen und Mitteln. Das ist eine strukturelle Ungerechtigkeit.

Warum haben wir uns so stark in unseren gemeindekirchlichen Formen eingerichtet, dass 95 Prozent der Kirchenmitglieder darin mit ihrem Glauben keinen Platz finden? Warum schaffen wir es nicht, uns diesen 95 Prozent der Kirchenmitglieder besser zuzuwenden?

Warum sind wir nicht auf neue Glaubende gefasst? Warum bleiben wir in unserer Rille des Vertrauten und Bewährten, obwohl wir eigentlich selbst merken, dass es so nicht mehr passt?

Die bewährten Formen leben von Voraussetzungen, die es so nicht mehr gibt. Sie wurden ausgedacht für Menschen, die in den Glauben hineingeboren wurden, in einem vom Glauben geprägten Milieu unterwegs waren – mit Religionsunterricht, Sonntagskirchenbesuch und dem Vereinswesen einer gesellschaftlich prägenden Kirche. Aber diese Situation gibt es schon lange nicht mehr. Menschen, die heute zum Glauben kommen, finden nicht mehr unbedingt über diese Sozialisationskette zum Glauben. Sie ist brüchig geworden. Und ist auch nicht unbedingt der Königsweg.

Wir schaffen es nicht, auf Menschen einzugehen, wenn sie nicht in unsere Muster passen.

Aber wir schaffen es nicht, auf Menschen einzugehen, wenn sie nicht in unsere Muster passen. Das trifft auf die Mehrheit der Menschen zu. Sogar auf die Mehrheit unserer eigenen Mitglieder. Und das eigentlich Harte ist: Unsere Formen dienen nicht mehr der Gottsuche der meisten Menschen.

Die Muster passen vor allem auch deshalb nicht, weil sie für die Glaubenswege interessierter und von Gott berührter Menschen wenig Hilfreiches bieten. Weil sie diese noch nicht einmal als Glaubenswege wahrnehmen.

Wo ist der Glaube? – Betriebsblind

So hat auch Madlen es erlebt. Zur Taufe ihres dritten Kindes nimmt Madlen wieder ganz froh und hoffnungsvoll Kontakt mit dem Pfarrbüro auf. Sie ist inzwischen umgezogen und gehört zu einer anderen Kirchengemeinde. Sie freut sich so auf die Taufe ihres Sohnes. Und darüber, Teil einer Kirche und Gemeinde zu sein.

Im Taufgespräch ist sie ganz stolz, in Glaube und Kirche schon routinierter zu sein, und schlägt vor: „Meine Patinnen und ich können uns bei der Tauffeier um die Musik kümmern." Für sie ist es ein wunderbares Gefühl, etwas beitragen zu können. So stehen wir am Taufnachmittag mit der Gitarre vor einer erwartungsvollen, festlich gekleideten Taufeltern-Gemeinde mit mehreren Familien. Ich bemerke zwei Dinge: die unglaubliche Offenheit der Leute für diesen Moment, weil sie etwas Gutes für ihr Kind wollen und für sie die Taufe etwas ganz Besonderes im Leben ist. – Und die Verkrampfung, in diesem unbekannten Universum Kirche ja nichts falsch zu machen. Durch das gemeinsame Einsingen und Willkommen-heißen bricht die Verkrampfung langsam auf. Es entsteht eine sehr schöne Atmosphäre. Ich gehe dann noch kurz zur Sakristei, um dem Pfarrer zu sagen, dass wir so weit sind. Er lehnt an der Sakristei-Tür, schaut über die versammelten Menschen und sagt völlig unvermittelt: „Diese Leute wissen NICHTS." Dann zieht er aus, um den Taufgottesdienst zu beginnen.

> **Der Pfarrer über die Taufgemeinde: „Diese Leute wissen NICHTS."**

Ich bin geschockt. Es fühlte sich an wie eine kalte Dusche. Wie kann der Pfarrer mit so einer Haltung in den Gottesdienst gehen? So etwas spüren Menschen doch.

Dabei läuft direkt vor seinen Augen gerade viel Positives zwischen Gott und den Menschen ab. Das hat er leider verpasst. Betriebsblind. Die Menschen haben nicht in sein Muster gepasst.

In seinem Muster heißt Glaube Wissen. Daher kommt er zu dem Schluss: Er hat Gott, aber diese Menschen haben ihn nicht. Aber definiert sich Glaube denn primär über kirchliches Wissen? Dann müsste ich ihn ja durch Erklären hervorbringen können. Aber das ist doch nicht so!

Das Bemerkenswerte an dieser Geschichte ist für mich, dass die eigenen Muster eine Blindheit erzeugen, die anders formatierte Glaubenswege gar nicht als Glaubenswege wahrnimmt und im Namen Gottes schließlich Gott selbst verpasst.

Im Namen Gottes Gott selbst verpassen.

Ich habe vielleicht andere Muster als der Pfarrer und dafür andere blinde Flecken. Aber ich muss mir bewusst machen, dass auch ich Muster habe, die meinen Blick begrenzen, und muss lernen, dahinter zu schauen. Das nenne ich, eine Outsider-Perspektive einzunehmen.

Es kann so viel Schönes passieren, wenn ich mich Menschen zuwende, die nicht in meine Muster passen.

Die andere Seite

Natürlich gibt es auch die andere Seite. Unglaublich viele engagierte Menschen mit Herzblut, die in Kirchengemeinden arbeiten und sich um andere Menschen kümmern. Vielleicht sind Sie eine oder einer davon. Ich kenne Pfarrsekretärinnen, deren Schreibtisch knallvoll ist und die den Menschen an Telefon und Tür trotzdem mit Herz und Einfühlungsvermögen begegnen. Ich kenne Pfarrer, die zu jeder Tages- und Nachtzeit auf Abruf zur Verfügung stehen. Ich kenne Gemeindereferentinnen und Gemeindereferenten, die in den Schulen die Kinder persönlich kennen und meist auch ihre Familiengeschichten, die in Altenheimen Besuche machen, an Sterbebetten sitzen und die Hand halten. Ich ziehe den Hut davor.

Trotzdem erreicht das viele Menschen leider nicht, obwohl sich alle verausgaben. Das liebevolle Festhalten an diesen Formen schließt gleichzeitig viele Menschen aus.

Eine erfahrene und engagierte Gemeindereferentin sagte mir im Gespräch:

> *„Ich kann leider nicht sagen, dass es in der Gemeinde nicht so ist, wie du es beschreibst. Aber die Basis selbst ist in diesem Alten liebevoll verhaftet und wünscht sich, dass das, was sie trägt, bleibt. Es ist auch eine Angst dabei, dass andere zwar wieder näher zur Kirche finden, ich selbst aber meinen geliebten heiligen Raum verliere."*

Ich bin ihr für ihre klugen und ehrlichen Worte sehr dankbar. Sie drückt aus, was viele empfinden. Es geht um Heimat. Um den eigenen heiligen Raum. Deshalb bleiben wir in unserer Rille des Vertrauten und Bewährten, obwohl wir eigentlich selbst merken, dass es so nicht mehr passt.

Die Basis ist im Alten liebevoll verhaftet und wünscht sich, dass das, was sie trägt, bleibt.

Es geht mir hier nicht um schlecht gemachte Arbeit, sondern darum, dass sich Rahmenbedingungen und Voraussetzungen fundamental verändert haben. Es geht darum, unter veränderten Voraussetzungen in ein neues Handeln zu finden. Neue Muster zu kreieren. Den Mut, sich in unvertrautem Terrain zu bewegen.

Das ist herausfordernd. Das merke ich auch an mir selbst. Gleichzeitig frage ich mich: Was könnte Schönes passieren, wenn wir diesen Mut aufbringen würden?

Wenn wir gewahr werden, dass es da draußen göttliches Leben gibt, das uns bereichern kann?

Was können wir anders machen, um für Menschen, die einen Glaubensweg suchen, hilfreich zu sein? Wie können wir neue, bewegliche und individuelle Formen suchen, in denen wir Menschen in ihrer Gottsuche begleiten? – Ich wünsche mir, dass diese Suche uns unruhiger macht als bisher und von Herzen umtreibt. Denn das macht doch den Kern von Kirche aus: dass uns der Glaube der anderen am Herzen liegt, nah an ihrem Leben.

Die Leute passen nicht zu unseren Angeboten

Auch Madlens Gemeinde hat versucht, neue Formen zu finden. Nach der Taufe ihres dritten Kindes gibt es ein Folgeangebot für die Tauffamilien. Die Gemeinde lädt zu einem kleinen Gottesdienst mit anschließender Begegnung im Kindergarten ein. Das klingt für Madlen super. Vielleicht klappt es ja diesmal mit dem Anschluss an die Gemeinde. Zur Verstärkung nimmt sie uns Patinnen mit, ihre Mutter und natürlich die drei Kinder. Es ist für uns alle ein Riesending. Wir sitzen dann in einem Kindergarten voller fremder Menschen an einem Tisch mit Minimöbeln. Jede Familie an einem Tisch, mit Kaffee, Tee und Keksen.

Es geht darum, unter veränderten Voraussetzungen in ein neues Handeln zu finden.

Einige Personen vom haupt- und ehrenamtlichen Team der Gemeinde gehen herum, um mit den einzelnen Familien ins Gespräch zu kommen. Ich habe so viel Hoffnung in dieses Format gesetzt. Mir ist so wichtig, dass Madlen Anschluss findet. In ihrem Freundeskreis und Umfeld gibt es keine anderen Christinnen und Christen. Wir zwei Patinnen aus der 30 Kilometer entfernten Nachbarstadt sind die einzige christliche Verbindung für sie. Ich spüre die Sorge, dass das auf Dauer nicht genügt.

Den Gemeindereferenten hatte ich sogar vorher kontaktiert, von Madlen und ihrem Glaubensweg erzählt und wieder erwartet: Da müssen doch alle Glocken angehen.

Leider wird diese Erwartung wieder enttäuscht. Er steigt einfach nicht darauf ein. Zwar begrüßen der Gemeindereferent und ein älterer Herr vom Taufteam uns und setzen sich auch kurz zu uns. Aber sie interessieren sich nicht dafür, wer Madlen ist, was ihr Glaubensweg war oder wofür sie mit ihren Kindern steht.

Die Gemeinde suchte nach Leuten, die ins Raster passen. Wer nicht reinpasst, bleibt draußen.

Sie wollen hauptsächlich wissen, was die Gemeinde für Familien tun kann – aber sie hören nicht richtig zu. Sie laden uns zu ihren Familien-Angeboten ein, die sie füllen wollen. Finden aber im Gespräch zu Madlen keinen Anschluss. Madlen als alleinerziehende Mutter mit drei schwarzen Kindern passt nicht rein. Es ist auch für Madlen nichts dabei, von dem sie den Eindruck hätte: Da geht es um mich und meinen Glauben, da bin ich willkommen. Die Gemeindevertreter sind noch einige Minuten freundlich bemüht, dann ist das Gespräch schnell zu Ende.

Das Treffen lässt mich zwiespältig zurück. Die Grundidee finde ich gut. So viel positives Bemühen seitens der Gemeinde. Hätte mir ein Gemeindeteam von so einem Vorhaben erzählt, hätte ich gesagt: super Idee!

Aber jetzt bin ich auf der Nutzerinnen-Seite dieses Angebots. Und gehe raus mit dem Gefühl: Wir sind den Leuten hier nicht gut genug. Hier wird unbewusst nach Menschen gesucht, die in das Raster der Gemeindeveranstaltungen passen sollen. Es wird unterschwellig gesiebt. Wir gehören scheinbar nicht zu den Hoffnungsträgerinnen, die sie für ihre Gemeinde wollen oder brauchen.

Tag der offenen Tür im Club

Etwas anders machen, um für Menschen, die einen Glaubensweg suchen, hilfreich zu sein, war die Ausgangsfrage. Warum hat das hier nicht geklappt?

Wenn ich noch mal auf die Club-Idee zurückkomme, würde ich sagen:

Es war ein Versuch, Menschen in den Club einzuladen. Eine Art Tag der offenen Tür im Club. Die unausgesprochenen Clubregeln waren aber weiterhin in Kraft. Es wurde unbewusst nach Menschen gesucht, die als potenzielle Clubmitglieder passen könnten.

Die Personen und ihre Geschichte stehen nicht im Fokus. Es geht nicht um Beziehungsaufbau, sondern um Werbung für den Club. Es war ein Fake.

Den Club einfach ein bisschen schmackhafter zu machen, reicht nicht.

Den Club einfach ein bisschen willkommen heißender und schmackhafter zu machen, reicht nicht. Dabei geht es immer noch darum, dass das Eigene weitergeht. Und auf der Nutzerseite fühlt sich das auch ganz genau so an.

Ich behaupte daher: Menschen zu erreichen, um sie für die bisherigen pfarrgemeindlichen Angebote zu gewinnen, reicht nicht. Denn dabei geht es immer noch darum, dass das Eigene weitergeht. Die geliebte Heimat noch ein bisschen länger funktioniert. – Aber geht es denn darum, dass meine vertraute Form von Kirche weitergeht, oder darum, dass heutige Menschen mit ihrer Gotteserfahrung in der Kirche Platz finden?

Um etwas anders zu machen, um für Menschen, die einen Glaubensweg suchen, hilfreich zu sein, muss ich mich ehrlich für die anderen Menschen interessieren. Vor allem dann, wenn sie nicht in meine Muster passen.

Neue Formen fangen damit an, Begegnungen mit Menschen außerhalb des kirchlichen Binnenbereichs zu suchen und sich für sie und ihre Geschichte zu interessieren.

Hier ist eine alleinerziehende Mutter, die kämpft sich mit drei Kindern durchs Leben und ist darin mit Gott unterwegs. Wie kommt sie zu dieser Kraft? Das ist doch faszinierend. Der Gemeindereferent hätte nach Madlens Geschichte fragen können. Die Unterschiede zu seiner eigenen Glaubensgeschichte als Bereicherung verstehen können. Und wäre wahrscheinlich beschenkt nach Hause gegangen. Madlen auch.

Was könnte alles an Positivem passieren, wenn ich mich ehrlich für die Menschen interessiere, die nicht in meinen Club passen?

Was könnte alles an Positivem passieren, wenn ich mir die Mühe mache, mich ehrlich für Menschen zu interessieren, die nicht in meinen Club passen? Und dabei zu lernen, dass Gott sich nicht auf meine Muster begrenzen lässt?

Ich muss Menschen nicht für mein Konzept von Kirche gewinnen

Ich selbst habe genauso versucht, meine Muster zu erfüllen. Nach der Taufe von Madlen habe ich mir innerlich richtig Stress gemacht. Es war für mich das erste Mal, so hautnah und tief in eine Erwachsenentaufe einzutauchen. Als Patin eine echte Mitverantwortung zu übernehmen für den Glaubensweg einer anderen Person. In meinem kirchlich-hauptamtlichen Kopf habe ich mir alles Mögliche überlegt, was jetzt inhaltlich wichtig wäre – Katechesen, Bücher, Veranstaltungen und so weiter. Doch mein katechetisches Bemühen war vergebliche Liebesmüh. Das, worauf es wirklich ankam, war, mit Madlen am Küchentisch zu sitzen und mich dafür zu interessieren, wie es ihr geht. Mit ihren Kindern zu spielen. Ihr zuzuhören. Sie zu bestärken. Dabeizubleiben bei Rückschlägen. Durchbrüche zu feiern. Zu staunen, wie Gott in ihrem Leben unterwegs ist. Sie hat mich damit aus meinem Trott gerissen. Hat mich akzeptiert. Mich mit ihren Fragen herausgefordert. Meinen alteingesessenen Glauben mit ihrem frischen inspiriert.

Wir sind als Kirche nicht dafür da, uns selbst zu erhalten.

Für mich hieß das, herauszugehen aus meinem Bekannten und Bewährten. Es ging nicht darum, dass ich Madlen irgendwo hineinbekomme, sondern um sie und ihr Leben.

Ich muss Menschen nicht für mein Konzept von Kirche gewinnen. Ich kann es auch gar nicht. Dieser Gedanke tut vielleicht weh. Er ist aber auch befreiend.

Wir sind nicht dafür da, dass es uns in 50 Jahren noch gibt. Wir investieren als Kirche unglaublich viel da hinein. Warum? Das verzerrt nur den Fokus. Wir sind als Kirche nicht dafür da, uns selbst zu erhalten. Sondern wir sind dafür da, dass Menschen in ihrem Glauben unterstützt werden und mit ihrem ganzen Leben da hineinwachsen können. Ich habe von Madlen gelernt, wie befreiend diese Perspektive ist.

Was heißt es, Menschen in ihrem Glauben zu unterstützen?

Dabei geht es um Wege, manchmal um lange Wege. Glauben ist kein Besitz, sondern ein Prozess. Die beste Definition für so einen Prozess habe ich von einem jungen Mann gehört, dem ich in der Jugendarbeit begegnet bin. „Früher war Gott für mich dort" – sagte er und zeigte in den Himmel, „und jetzt ist er für mich hier" – und zeigte auf sein Herz.

Dieser Weg Gottes von „dort oben" nach „hier in mein Herz" ist ein weiter Weg. Es ist kein gradliniger. Er verläuft selten nach Plan. Es geht um Zeit, um viel Zeit. Und es geht auch um Kantiges und Widersprüchliches.

Dabei sind gute Gesprächspartner wichtig. Erfahrene Christinnen und Christen, mit denen ich mich austauschen kann. Die die ganzen Aufs und Abs selbst kennen.

Wo stellen wir in unserem ganzen kirchlichen Tun den Bezug zu echten inneren Prozessen von Menschen her? Zu Prozessen, die eben auch kantig und widersprüchlich verlaufen? Durchlaufen wir als kirchlich Handelnde auch selbst diese Prozesse? Ermutigen wir Menschen in den Gemeinden dazu? Betrachten wir neu zum Glauben Gekommene als erfrischende Anfrage an unseren eigenen Glauben?

Wo stellen wir in unserem ganzen kirchlichen Tun den Bezug zu echten inneren Prozessen von Menschen her?

Wie Glaube wächst – jenseits der Rille

Bei Madlens Glauben geschieht unabhängig von der Kirchengemeinde weiter richtig viel. Als ich wieder mal zu

Besuch komme, hängt auf einmal eine riesengroße Pinnwand in ihrem Flur – ihre Gebets-Pinnwand, wie sie mir erklärt. Sie hat ausprobiert, für konkrete Probleme, Personen und Ereignisse in ihrem Leben sehr konkret zu beten. Sie schreibt ihre Gebete auf und pinnt sie an. Für andere Menschen, die sie Gott hinhält. Sie hängt Bilder und Bibelworte dazu, manchmal Fotos. Und wächst dabei im Gottvertrauen. Es gibt einen kleinen Umschlag, aus dem Besucherinnen und Besucher sich eine Bibelstelle mitnehmen können. Ich freue mich riesig über diese Gebetswand! Es ist so ein toller Schritt in eine Verbindlichkeit und Regelmäßigkeit mit Gott. Ihr Glaube hat eine konkrete, fast fassbare Gestalt in ihrer Wohnung angenommen.

Dann kauft sie sich eine riesige Bibel und fängt an, regelmäßig darin zu lesen. Sie stellt super interessante Fragen. Sie findet immer neue Zusammenhänge zu ihrem Leben. Sie erkennt neue Dinge und setzt sie um, macht etwas anders als bisher. Weil sie als Christin nach dem Evangelium leben will. Ich bin so fasziniert. Stehe daneben und staune, was passiert. Niemand hat ihr gesagt „Tu dies oder lass jenes“. Es ist zwischen ihr und Gott gewachsen.

Ich stehe daneben und staune, was passiert.

Irgendwann entscheidet Madlen sich, sonntags vorerst die freikirchliche Gemeinde zu besuchen. Sie vergewissert sich dafür bei mir und sagt:

„Ich fühle mich katholisch und möchte das auch bleiben, aber meinst du, dass es in Ordnung wäre, wenn ich sonntags dahin gehe? Die haben Predigtreihen, zum Beispiel nehmen sie jetzt gerade das Johannesevangelium durch. Ich lerne so viel. Und ich kann da die Kinder gut mitnehmen. Wenn die beim Lobpreis mithüpfen und -singen, dann stört das keinen. Und es gibt auch Kinderbetreuung während des Gottesdienstes. Die Kinder nehmen dort selbst auch was Schönes aus der Bibel durch …“

Ich finde ihre Aussage sehr treffend für das, was sie braucht. Sie will mit der Bibel ihr Leben gestalten. Hineinwachsen in ein Leben, das sich ausrichtet am Evangelium. Darauf ist das katholische Angebot kaum abgestimmt. Dieses orientiert sich vor allem an den Festen und Themen der Jahreszeit. Weniger an dem, was Menschen für ihren Glaubensweg an konkreten Schritten und Hilfen brauchen.

Inzwischen hat Madlens Mutter ebenfalls zum Glauben gefunden und sich taufen lassen. Sie hat über Jahre hinweg die Entwicklung ihrer Tochter verfolgt. Ihre eigenen Fragen wurden offener und interessierter. Irgendwann hat sie zu Madlen gesagt: „Ich sehe, was dein Glaube mit dir macht und wie er dich verändert. Das möchte ich auch haben.“

„Ich sehe, was dein Glaube mit dir macht und wie er dich verändert. Das möchte ich auch haben.“

Jetzt ist Madlen zur Taufpatin ihrer Mutter geworden. Unfassbar, was aus ihrem Glauben gewachsen ist. Ein Gänsehaut-Moment für mich, als sie mir das erzählt. Jubel, Freude, Staunen, Ehrfurcht.

Clubheim oder Campen unterm Sternenhimmel?

Mich haben die Erlebnisse in dieser Patenschaft beglückt und beschämt. Ich habe jenseits meiner kirchlichen Komfortzone viel über meine binnenkirchlichen Scheuklappen gelernt.

Es hat mich beschämt zu erkennen, wie wenig ich Gott zutraue – und wie wenig anderen Menschen. Ich dachte zu Anfang, Madlen wäre diejenige, die von mir lernen müsste. Dabei war die ganze Zeit ich diejenige, die so viel zu lernen hatte.

Ich habe vor allem erkannt, dass zwischen Gott und Menschen viel mehr passiert, als ich Gott und den Menschen zutraue. Sie sind nicht das Problem. Es liegt vielmehr an mir, meine lieb gewordene binnenkirchliche Komfortzone zu verlassen.

Das bedeutet für mich, Vertrautes aufzugeben. Mich in unvertrautem Terrain zu bewegen. Mich dabei an dem zu orientieren, was dem Glauben anderer dient. Es heißt für mich, die Sicherheit meiner kirchlichen Gewohnheiten zu verlassen. Meine eigene Unsicherheit zuzulassen.

Auch mit kirchlichen Gewohnheiten kann ich mir Gott vom Leib halten. Ich kann mich im kirchlichen Binnenraum sicher einrichten – oder ich kann Gottes Ruf nach Draußen folgen.

Es kann so viel Schönes passieren, wenn wir uns Menschen zuwenden, die nicht in unsere Muster passen.

Ich möchte Sie ermutigen, die Angst vor dem Verlust zu überwinden. Außerhalb der Kirchenmauern bekomme ich unvorstellbar viel Neues geschenkt. Zwischen Himmel und Erde, Gott und Mensch passiert viel mehr, als wir uns vorstellen. Dazu brauche ich den Blick dafür, dass diese Menschen da sind. Es gibt sie! Und es sind mehr, als wir denken. Nur das Clubheim zu öffnen, reicht nicht.

Auch mit kirchlichen Gewohnheiten kann ich mir Gott vom Leib halten.

Menschen brauchen Gesprächspartnerinnen und Gesprächspartner für ihren Glauben, dort wo sie leben. Jede und jeder von uns kann so jemand sein.

Ich möchte Ihnen Mut machen, herauszugehen aus den kirchlichen Gewohnheiten. Außerhalb des Clubheims zu campen. Dabei auf Überraschungen Gottes gefasst zu sein. Es fühlt sich vielleicht unsicher an, nicht im heimatlichen Clubraum zu sein und die Heizung aufzudrehen. Aber dafür werden Sie die Schönheit des Sternenhimmels erleben.

Ich lade Sie ein, gewahr zu werden, dass es jenseits unserer Clubräume göttliches Leben gibt. Ich möchte Ihnen Lust darauf machen, draußen neue Erfahrungen zu sammeln und Ihr Bild von dem, was zwischen Gott und Menschen passiert, bereichern zu lassen.

Zwischen Himmel und Erde, Gott und Mensch passiert viel mehr, als wir uns vorstellen.

Aber wie geht das? Kirchliche Menschen und Gemeinden, die loslegen wollen, merken sehr schnell: „Gut gemeint reicht nicht." Bloß, weil ich Menschen ansprechen will, heißt das noch lange nicht, dass sie sich auch angesprochen fühlen. Dazu brauche ich außer gutem Willen auch Handwerk. Das ist lernbar – wenn ich weiß, worum es geht.

Anmerkungen

[1] 6,1 % im Bistum Fulda, 4,3 % deutschlandweit (2021). Vor Corona waren es noch etwa doppelt so viele: 12,3 % im Bistum Fulda, 9,1 % deutschlandweit (2019). Quelle: Statistische Daten der Deutschen Bischofskonferenz, www.dbk.de.

[2] 359.338 Personen (2021), 221.390 Personen (2020), 272.771 Personen (vor Corona 2019), Quelle: Statistische Daten der Deutschen Bischofskonferenz, www.dbk.de.

[3] Projektion 2060 – Langfristige Projektion der Kirchenmitglieder und des Kirchensteueraufkommens in Deutschland, Forschungszentrum Generationenverträge Freiburg, Prof. Dr. Bernd Raffelhüschen, Neukirchener 2021.

[4] „Dem Kirchenaustritt geht meist ein Entfremdungsprozess in der Kirche voraus. Die Studie zeigt aber auch, dass es uns bei vielen jungen Menschen scheinbar nicht gelingt, eine stabile Bindung aufzubauen. So kann es beim Eintritt in das Erwerbsleben die Erstzahlung der Kir-

chensteuer sein, die den Ausschlag gibt", so ein Statement der Deutschen Bischofskonferenz zur Studie, www.dbk.de.
„Die Kirchensteuer ist nach einer Studie nur Auslöser für einen Kirchenaustritt. Hauptursache seien Entfremdung und eine fehlende emotionale Bindung", Befragung im Bistum Essen 2018, s. www.neuesruhrwort.de.

[5] Quelle: s.o.

Wir werden nicht gesehen, wir werden nicht verstanden

Ein 40 Meter hoher Kirchturm bringt noch keine Sichtbarkeit

Marieke Kräling

Wo arbeitest du noch mal?

„Wo arbeitest du noch mal?" „In der Citypastoral, für die katholische Kirche." „Hmhm. Und wo ist euer Büro?" „Wir arbeiten zwar für die ganze Stadt, aber unser Büro befindet sich im Pfarrbüro der Kirche St. Peter und Paul, direkt gegenüber der Stadthalle." „Eine Kirche gegenüber der Stadthalle? Hm..." „Das ist die Kirche mit dem hohen, eckigen Kirchturm mit den hellen Flächen und den Sandsteinen." „Pffff..." „Seit einigen Wochen stehen auf dem Vorplatz Liegestühle – also falls du mal in der Ecke bist und ein Päuschen brauchst." „Ach, ihr seid die Kirche mit den Liegenstühlen, sag's doch gleich. Da habe ich auch schon mal drin gesessen."

Die meisten Menschen wissen nicht, was ich bei meiner Arbeit mache. Das bin ich inzwischen gewohnt. Auch dass mein Arbeitgeber für Stirnrunzeln und kritische Anfragen sorgt. Aber dass meine Bekannte zwar die Liegestühle, nicht aber den riesigen Kirchturm wahrgenommen hat, hat mich doch erstaunt.

Diese Anekdote ist vermutlich ein guter Indikator dafür, dass Kirche in der Lebenswelt vieler Menschen nicht mehr vorkommt. Die Zeiten haben sich geändert. Über viele Jahrhunderte war die Kirche in der westlichen Welt eine Institution, die aus dem Leben vieler Menschen nicht wegzudenken war. Die Kirche war zugleich der Ort für Gottesdienste, aber auch für Freizeitaktivitäten sowie der (oft einzige) Anbieter im karitativen und Bildungsbereich. Vieles davon leistet die Kirche auch heute noch. Aber inzwischen ist sie nur noch ein Träger von vielen. Zudem hat die Kirche in den Augen vieler ihre Glaubwürdigkeit als Instanz verloren, die Werte vermittelt und der man Kompetenz im Umgang mit Schutzbedürftigen zutraut. Kurzum: Kirche spielt im Leben der meisten Menschen eine immer geringere oder gar keine Rolle mehr. Ein 40 Meter hoher Kirchturm reicht dann nicht aus, um gesehen und wahrgenommen zu werden. Aber wie kann es der Kirche gelingen, die Themen Glauben und Gott lebendig zu halten und wieder im Leben der Menschen präsent zu sein? Und damit meine ich natürlich nicht die traurigen Schlagzeilen in der Presse, sondern eine positive Präsenz.

Wie kann es der Kirche gelingen, die Themen Glauben und Gott lebendig zu halten und wieder im Leben der Menschen präsent zu sein?

Ich nehme Sie mit auf einen Weg, der nicht in der Kirche beginnt, sondern mitten in der Stadt. Denn in der Lebenswirklichkeit der Menschen sind wir nur präsent, wenn wir auch dort sind, wo sich das Leben der Menschen abspielt. Auf dem Marktplatz und vor dem Supermarkt, vor der Sporthalle, dem Rathaus oder der Stadthalle. Kirchen stehen oft genau dort, an zentralen Plätzen, wo viele Menschen zusammenkommen. Unternehmen beneiden sie um diese guten Standorte. Und was machen wir? Nutzen wir diese tolle Lage? In unserem Ort hat man von der Stadthalle einen guten Blick auf den Kirchturm direkt gegenüber. Seit einiger Zeit sieht man dort nicht mehr nur eine Mauer. Interessiert Sie, was sich nun dort befindet?

Die Größe ist nicht alles

Engagierte Freiwillige hatten vor einigen Jahren eine geniale Idee. Mit großen Ösenschrauben, zwei stabilen Stahlseilen und mithilfe der örtlichen Feuerwehr schufen sie eine riesige Werbefläche am Kirchturm. Seitdem können dort Banner mit einer Breite von dreieinhalb Metern und einer Höhe von bis zu sieben Metern aufgehängt werden. Diese XXL-Banner wirken. Wie sehr, das haben wir bei einer Aktion in der Fastenzeit gemerkt. Blauer Grund, ein weißer Pfeil, der geradeaus zeigt, ein Pfeil, der nach rechts zeigt, und der Aufruf „Mach's mal anders" zierten das XXL-Kirchturmbanner, das optisch einem Autobahnschild nachempfunden war. Das Banner war Teil einer größeren Kampagne, zu der auch Straßenaktionen und natürlich Medienarbeit gehörten. Aber das Banner war es, das wirklich Aufmerksamkeit erregte. Wir bekamen einige empörte Anrufe und Nachrichten, interessanterweise mit ganz unterschiedlichen Deutungen. Während der eine unser Plakat als Aufruf zur Wahl rechter Parteien verstand, ärgerte sich eine andere darüber, dass wir zum Fremdgehen aufrufen würden. Wir überlegten kurz, ob wir das Transparent abhängen sollten, entschieden uns dann aber, uns darüber zu freuen, dass unsere Botschaft wahrgenommen wurde. Was sind schon ein paar negative Kommentare, wenn jeden Tag Tausende vorbeikommen? Und wer weiß, was die Botschaft bei all diesen Menschen ausgelöst hat?

> **Sind Sie sich des Potenzials bewusst, das in der Lage oder der Architektur Ihrer Kirche steckt?**

Sind Sie sich des Potenzials bewusst, das in der Lage oder der Architektur Ihrer Kirche steckt? Mauern und Zäune eignen sich hervorragend, um Banner aufzuhängen, und großformatige Plakate kommen in den Fenstern des Pfarrbüros gut zur Geltung. Vielleicht bringen Sie auch einen digitalen Screen in Straßennähe an oder stellen einen Computermonitor ins Fenster? Neben dem eigenen Standort gibt es weitere Möglichkeiten, wie man kostenlos werben kann. Wie wäre es, wenn sich Menschen aus Ihrer Gemeinde das Plakat für eine Aktion einfach an die Autoscheibe hängen? Oder vielleicht gibt es auch städtische Plakatierflächen, die Sie kostenlos nutzen dürfen – so wie wir in unserer Stadt.

In der heutigen Zeit dürfen wir jedoch nicht nur die analoge Lebenswirklichkeit im Blick haben. Menschen aller Altersgruppen verbringen täglich viele Stunden mit Medien. Wie können wir dort mit unseren Themen präsent sein?

Durch Kommunikation den Sprung aus der Blase schaffen

„Könnt ihr mir bitte noch einen O-Ton schicken? Und gibt es auch noch ein Foto aus einer anderen Perspektive?" Solche Fragen sind üblich, wenn wir eine Aktion machen. Denn die Realität sieht so aus: zwei Stunden Liegestühle aufstellen, aber sechs Stunden Medienarbeit. Unser Auftrag in der Citypastoral ist es, Menschen zu erreichen, die kirchenfern sind. Über Pfarrbriefe, kirchliche Homepages oder gar Ankündigungen an den schwarzen Brettern im Eingangsbereich oder in den Gottesdiensten erreichen wir unsere Zielgruppe nicht. Denn über die üblichen kirchlichen Medien würden wir vielleicht zehn Prozent der Katholikinnen und Katholiken in unserem Ort und damit nicht einmal zwei Prozent der Stadtgesellschaft erreichen. Werden nur diese Kanäle be-

Über Pfarrbriefe, kirchliche Homepages oder Ankündigungen in Gottesdiensten erreichen wir unsere Zielgruppe nicht.

spielt, werden so selbst attraktive Angebote von Menschen außerhalb der kirchlichen Blase nicht wahrgenommen. Aber wie können wir unseren Radius vergrößern? Wir können viel mehr Menschen erreichen, wenn wir in den Medien präsent sind, die sie tagtäglich nutzen. Das erreichen wir, wenn wir unsere Kommunikation professionalisieren und Ressourcen bündeln, um uns und anderen die Arbeit zu erleichtern.

Auch in Zeiten, in denen die Abonnentenzahlen der regionalen Printmedien zurückgehen, lohnt sich gute Pressearbeit, denn die Auflage ist immer noch um ein Vielfaches höher als die eines Pfarrbriefs. Nur sollte man nicht mehr wie früher erwarten, dass sich ein Redakteur oder eine Redakteurin viel Zeit für die Berichterstattung nehmen kann. In den personell ausgedünnten Redaktionen freut man sich über gut aufbereitete Informationen, die sich leicht für die Veröffentlichung weiterverarbeiten lassen.

Die Basis ist ein guter Text, neutral geschrieben und bitte ohne „wir" und unerklärte Fremdwörter.

Die Basis ist ein guter Text, neutral geschrieben und bitte ohne „wir" und unerklärte Fremdwörter. Und ja, Eucharistie ist für die meisten Menschen ein Fremdwort. Die Chance auf eine gut sichtbare Veröffentlichung steigt, wenn mindestens ein hochauflösendes Bild mitgeliefert wird – natürlich mit aussagekräftigem Untertitel und mit Nennung der Namen der abgebildeten Personen und der Fotografin oder des Fotografen. Hat man sich einmal einen guten Presseverteiler angelegt, hat man mit wenigen Klicks nicht nur die regionale Presse, sondern auch Funk, Fernsehen und die Verantwortlichen kirchlicher Medien informiert.

Haben Sie alle wichtigen Kommunikationskanäle Ihrer Zielgruppe angesprochen? Haben Sie auch an die digitalen

Medien gedacht? Für die Seniorenarbeit braucht man vielleicht keinen TikTok-Kanal, aber digitale Medien erreichen inzwischen alle Zielgruppen, auch die älteren. Kirche kommt in der Lebenswirklichkeit vieler Menschen nicht mehr vor, wenn sie nicht digitaler wird. Laut Statista nutzen 91 Prozent der Deutschen das Internet. Die ZDF-Onlinestudie 2021 hat ergeben, dass junge Menschen zwischen 19 und 24 Jahren täglich rund sieben Stunden in der digitalen Welt verbringen. Wer sie erreichen will, kommt um digitale Auftritte und Social Media nicht herum. Je nach Zielgruppe eignen sich unterschiedliche Plattformen wie Instagram, TikTok, YouTube oder eine der vielen anderen. Und es gilt zu bedenken, dass diese Medien schnelllebig sind und ihre eigene Logik und Ästhetik haben. Idealerweise holt man sich hier entweder eine Expertin oder einen Experten ins Team oder eine Person aus der Zielgruppe, die dieses Medium wirklich lebt und liebt. Vielleicht kann ein pensionierter Pressesprecher ehrenamtlich Ihre Pressearbeit unterstützen oder eine Konfirmandengruppe mit Ihnen den Instagram-Account der Gemeinde betreuen? Aber Vorsicht: Medien lassen sich nicht einfach nebenbei bespielen. Die Qualität des Inhalts, des sogenannten Contents, ist wichtig. Niedliche Katzenbilder bringen zwar vielleicht viele Klicks, dienen aber nicht der Verkündigung unserer Botschaft.

Kirche kommt in der Lebenswirklichkeit vieler Menschen nicht mehr vor, wenn sie nicht digitaler wird.

„Du bist gerne Gastgeber oder Gastgeberin? Dann melde Dich, wir suchen Freiwillige für unsere Gute Stube." Im Winter der Energiekrise haben wir die „Gute Stube" als ökumenisches Projekt ins Leben gerufen. Von Montag bis Freitag konnte man dort im Warmen sitzen, kostenlos essen, Kaffee trinken und mit Menschen ins Gespräch kommen. Neben einigen Hauptamtlichen engagierten sich über fünfzig Ehrenamtliche für das Projekt. Viele kamen über Mund-zu-Mund-Propaganda oder die üblichen innerkirchlichen Kanäle, einige haben wir aber auch über Anzeigen bei nebenan.de oder kleinanzeigen.de gewonnen. Mit kirchlichen Medien hätten wir diese Menschen nicht erreicht. Auch nicht Frau S., die ab Januar für das Projekt unersetzlich wurde. Als alle Transportmöglichkeiten für das Essen zusammenbrachen, erklärte sie sich bereit, diese Aufgabe täglich zu übernehmen. Gott und Ebay-Kleinanzeigen sei Dank.

Nicht um neue Leute zu kontaktieren, aber zur Beziehungspflege und Kommunikation eignen sich Messenger-Dienste wie Whatsapp, Signal, Threema, Telegram, Slack, Discord, Spond und andere. Aber auch hier ist Vorsicht geboten. Bistümer haben – wie andere Arbeitgeber auch – Regeln, die die Nutzung bestimmter Apps verbieten und auch das Thema Datenschutz ist immer ein heißes Eisen.

Nicht um neue Leute zu kontaktieren, aber zur Beziehungspflege und Kommunikation eignen sich Messenger-Dienste.

Sie haben das passende Medium für Ihre Zielgruppe gefunden? Dann fragen Sie sich, ob Sie wirklich einen eigenen Kanal bespielen möchten oder ob es vielleicht interessanter wäre, bestehende Kanäle zu nutzen und von Synergieeffekten zu profitieren. Weniger Arbeit, geringere Kosten und eine viel größere Reichweite könnten das Ergebnis sein. Die Wahl des passenden Mediums ist wichtig. Doch damit ist es nicht getan: Die eigentliche Herausforderung ist es, den Kanal zu pflegen und den Inhalt zeitgemäß aufzubereiten.

Auf unserem Weg sind wir mitten in der Stadt gestartet. Wir haben betrachtet, ob und wie Kirche in der Lebenswirklichkeit der Menschen vorkommt – vor Ort und medial. Nun möchte ich mit Ihnen einen Schritt machen, den schon nicht mehr ganz so viele wagen: kirchliche Räume betreten. Wie können wir attraktive Erlebnisräume des Glaubens schaffen, wo den Menschen das Kommen leicht gemacht wird und sie sich wohlfühlen?

Wo bin ich denn hier gelandet?

Nur NICHT auffallen, denke ich mir. Schaue mich um, was die anderen machen, wer hier sonst noch ist. Eigentlich müsste ich mal. Wie lange geht es wohl noch? Aber wenn ich jetzt aufstehe, sehen mich alle an. Und wo ist überhaupt hier das WC? Schilder sehe ich nicht. Die Menschen kenne ich nicht. Wen sollte ich überhaupt ansprechen und fragen? Wer kennt sich denn hier überhaupt aus? Ob sich noch andere so fremd fühlen?

Wie können wir Erlebnisräume des Glaubens schaffen, wo den Menschen das Kommen leicht gemacht wird und sie sich wohlfühlen?

Eingefleischte, aktive Kirchgänger mögen sich vielleicht über meine Gedanken wundern, aber ich bin in meinem Leben häufig umgezogen und habe viele unterschiedliche Kirchen und Messen besucht. Ich kenne das unangenehme Gefühl, wenn man nicht weiß, wo ein Platz frei ist. Ich kenne die Unsicherheit, die man spürt, wenn man kaum jemanden im Raum kennt und noch nicht einmal weiß, wie der Priester heißt. Oft habe ich mir die Frage gestellt, warum die Pfarrer sich vor dem Gottesdienst nicht mit Namen vorstellen oder sich auf einem Aufsteller am Eingang, im Veranstaltungskalender oder zumindest in der Gottesdienstordnung nicht der Name des Zelebranten finden lässt.

Auch ist es sehr unschön, wenn man weder weiß, wo sich eine Toilette befindet, noch wo in dieser einen Kirche nun die Gesangbücher versteckt sind. Und noch eine

Sache stört mich. Warum steht nirgendwo, wie lange die Veranstaltung geht? Selbst bei Eucharistiefeiern unterscheidet sich die Dauer doch erheblich, je nachdem, ob es eine oder zwei Lesungen gibt und wie ausschweifend gepredigt wird. Vielleicht sollten wir in Deutschland den Kirchenbesuch auch einfach mit mehr südeuropäischer Leichtigkeit handhaben. In dem Städtchen, in dem ich in Südfrankreich gelebt habe, kamen die Menschen sonntagmorgens mit vollen Marktkörben in die Kirche, gerne auch erst kurz vor dem Abendmahl und manchmal gingen sie auch früher. Und niemand hat missbilligend geschaut – auch nicht, wenn man sich nicht verschämt in die hinterste Ecke gestellt, sondern einen guten Platz im vorderen Drittel ausgewählt und beim Abstellen der Einkäufe noch für etwas Unruhe gesorgt hat. Manchmal ist vielleicht auch beim Kirchbesuch weniger mehr – es ist doch schöner, wenn die Leute kürzer kommen als gar nicht.

> Ich wünsche mir mehr Leichtigkeit. Wir sagen, wir FEIERN einen Gottesdienst, aber die Stimmung hat oft etwas von einer Beerdigung.

Mehr Leichtigkeit würde ich mir in vielen Bereichen wünschen. Wir sagen, wir FEIERN einen Gottesdienst, aber die Stimmung hat meist etwas von einer Beerdigung. Es ist still, schon vor Corona ist man mit einem Huster unangenehm aufgefallen und stets ist man unsicher, ob man klatschen darf oder vielleicht lieber nicht. Wohlfühlatmosphäre geht anders.

In der heutigen Zeit ist für viele Menschen die Eucharistiefeier nicht mehr identitätsstiftend für ihr Christsein. Gründe gibt es sehr unterschiedliche. Viele suchen zwar Gemeinschaft, aber bitte ohne zu viel Verbindlichkeit. Viele sind spirituell auf der Suche und dennoch leeren sich die Kirchenbänke. Wir können nicht mehr erwarten, dass klassische kirchliche Formate die Menschen ansprechen. Aber wie können wir Kirche wieder zu einem Wohlfühlort machen, an den man gerne kommt? Wie können wir Räume schaffen, die der Verkündigung der christlichen Botschaft dienen und die Menschen den Zugang leicht machen?

Ich bin der Auffassung, dass es viele Möglichkeiten gibt, wie Menschen mit den Themen Gott und Glaube in Berührung kommen können. Einen Kirchenraum braucht es dafür nicht. Und dennoch sehe ich Kirchen als besondere Orte und möchte deshalb kurz auf sie eingehen. Ich finde es beispielsweise schade, dass zu wenige Kirchen die Ideen des Zweiten Vatikanischen Konzils in ihrer Raumgestaltung umsetzen. Noch immer dominieren in den meisten Sakralbauten starre Bänke, der Priester steht mit großem Abstand ganz vorne und auch noch etwas erhöht. Wie soll da Freude, Nähe und Gemeinschaftsgefühl aufkommen? Wie soll da der Konzilsgedanke spürbar werden, dass Christus nicht mehr nur in den konsekrierten Gaben und im Priester gegenwärtig ist, sondern auch in der versammelten Gemeinde? Die Gläubigen sollten nicht nur Zuschauer, sondern Mitwirkende sein.

Es gibt viele Möglichkeiten, mit den Themen Gott und Glaube in Berührung zu kommen können. Einen Kirchenraum braucht es dafür nicht.

Sie können oder wollen Ihre Räume nicht einfach umgestalten? Zu viel Widerstand von einigen wenigen? Oder ist vielleicht ohnehin ein anderer Ort viel geeigneter, um die Botschaft des Evangeliums erfahrbar zu machen? Wie wäre es, wenn Sie ganz andere Orte zu Erlebnisräumen des Glaubens machen? Ein Sternengottesdienst im Park lässt die Schöpfung hautnah erleben. Bei einem Tretbootgottesdienst bekommt man einen ganz anderen Zugang zum Lied „Ins Wasser fällt ein Stein“. Und warum ist es fremd, in einem Fluss zu taufen, wenn Jesus so getauft wurde? In meinen Augen machen wir Gott sehr klein, wenn wir suggerieren, dass man ihm nur in der Kirche nahe sein kann.

Für Angebote der Citypastoral sind wir immer auf der Suche nach Räumen, die zur Zielgruppe passen, die aktuelle Bedürfnisse oder das Zeitgeschehen aufgreifen. So haben wir im ersten Corona-Jahr, als Feiern im Kirchenraum nicht möglich waren, einen Gottesdienst im Autokino veranstaltet. Menschen in mehr als zweihundert Autos feierten mit uns. Im zweiten Corona-Winter litten viele Menschen unter Einsamkeit, persönliche Treffen waren aber verboten und so nutzten wir einen digitalen Raum für unsere Küchenparty. Bei einer Videokonferenz wurde gemeinsam gekocht, geredet, Musik gehört und gegessen. Im Winter 2022/23, als Energiekrise und Inflation das Leben beeinflussten, brauchten die Menschen einen Ort, um Leib und Seele zu wärmen, und wir richteten, wieder gemeinsam mit anderen kirchlichen Kooperationspartnern, die bereits erwähnte „Gute Stube“ ein. Es engagierten sich zehn Institutionen mit mehr als fünfzig Freiwilligen in dem Projekt und täglich kamen bis zu siebzig Gäste, von denen wir die meisten wohl nicht in einer Kirche treffen würden.

> **Wir machen Gott klein, wenn wir suggerieren, dass man ihm nur in der Kirche nahe sein kann.**

Kurz gesagt: Gott und Glaube werden für die Menschen immer eine Rolle spielen. Aber ich denke, dass auch Kirchen als Institutionen weiter Bestand haben werden und dass die Menschen kommen, wenn unsere Angebote und auch die Räume bedarfsgerecht und attraktiv sind. Laut statista.de bezeichnen sich im Jahr 2023 fast 40 Prozent der Deutschen als mittel bis sehr spirituell. Der Trendforscher Eike Wenzel sieht in der Esoterik einen Megatrend, mit dem in Deutschland bis zu 20 Milliarden Euro umgesetzt werden, doppelt so viel wie in der Fitnessbranche. Menschen sind auf der Suche nach Antworten auf existenzielle Fragen. Wie viele Menschen würden wohl zu kirchlichen Veranstaltungen kommen, wenn wir in ihrer Lebenswirklichkeit präsent wären und nutzerorientierte Angebote in schöner Atmosphäre machen würden? Natürlich muss die Botschaft auch stimmen. Aber die dürfte ja nicht das Problem sein, oder?

Wir versprechen den Menschen den Himmel

Hoffnung auf den Himmel, auf Frieden, auf ewiges Leben. Als katholische Kirche haben wir wahrscheinlich die besten Botschaften, hoffnungsvolle Antworten auf die Fragen vieler Menschen. Aber die besten Inhalte nützen nichts, wenn mein Gegenüber sie nicht versteht. Ich finde es in Ordnung, wenn man auch mal irritiert, wenn man anders ist als der Mainstream, wenn man auch mal provoziert. Aber in der Kirche habe ich manchmal das Gefühl, dass wir auf Teufel komm raus nicht verstanden werden wollen.

Warum gelingt es uns nicht, dass die Botschaft der Bibel verstanden wird?

„Was haben die uralten Geschichten aus der Bibel mit meinem Leben zu tun?", fragte mich meine neunjährige Tochter, als sie mit sich rang, ob sie zur Erstkommunion gehen möchte. Diese Frage hat mich sehr betroffen gemacht. Warum gelingt es uns nicht, dass die Botschaft verstanden wird? In der Pastoral, vor allem in den Gottesdiensten und in der Katechese, wird eine Sprache gesprochen, die wenig mit unserer Umgangssprache zu tun hat. Die Betonung ist ungewohnt, viele Fremdwörter werden verwendet, Nachfragen oder gar ein Dialog sind in diesen Formaten selten möglich. Auch in der Liturgie gibt es Textpassagen, die ich gerne streichen würde. Wer möchte sich heute noch als „nicht würdig" bezeichnen oder sich klein fühlen. Ist es nicht die bessere Botschaft, dass Gott mich groß macht und mir Kraft gibt? Ich will jubeln, ich will feiern, ich will mich gut fühlen. Manches macht vielleicht Sinn, wenn man die Hintergründe versteht. Aber welcher Nicht-Theologe tut das schon? Wir haben als Kirche so aktuelle Botschaften, wir sollten sie auch so verkünden – mit aktuellen Bezügen, in einer Sprache, die man auch unter Freunden verwendet. Wenn wir von Umweltschutz statt von Bewahrung der Schöpfung sprechen würden, wüsste meine Tochter, dass unsere Botschaft doch einiges mit ihrem Leben zu tun hat. Natürlich schützt eine förmliche Sprache – auch davor, von anderen belächelt zu werden. Es klingt gewichtiger, man ist sich innerkirchlicher Anerkennung sicher und läuft weniger Gefahr, Fehler zu machen. Außerdem ist man geschützt, weil man nicht zu viel von sich preisgibt. Das Schlüpfen in eine Rolle, in eine Verkleidung mit einem festgelegten Text, gibt Sicherheit, aber vielleicht erreicht dieses „Theaterstück" das heutige Publikum nicht mehr.

Wie die Botschaft verkünden? – Mit aktuellen Bezügen, in einer Sprache, die man auch unter Freunden verwendet.

Wer einen Text schreibt, weiß, dass es viel einfacher ist, mit vielen Worten nichts zu sagen, als mit wenigen Worten den Kern einer Botschaft zu vermitteln. In der heutigen Zeit werden immer weniger Worte verwendet. Kurze Textnachrichten oder Bilder mit wenigen Worten dominieren die Kommunikation. Lehrkräfte stellen fest, dass ihre Schülerinnen und Schüler zunehmend Schwierigkeiten haben, längere und komplexere Texte zu verstehen. Ein Grund mehr, sich auf das Wesentliche zu konzentrieren und dies in einer Sprache zu kommunizieren, die verstanden wird. Unsere Botschaft ist uralt und doch immer aktuell. Umso trauriger ist es, dass wir es in der Kirche nur zu gut kennen, dass wir einladen und niemand kommt, dass wir reden und nicht verstanden werden. Und weil es oft so schwer ist, als Interne die Perspektive zu wechseln, um einen Blick von außen auf die Kirche zu bekommen und Dinge zu hinterfragen, möchte ich Ihnen als letzte Station auf unserem Weg einen Tipp geben.

Hier bin ich die Fremde

Die junge Frau vor mir öffnet die Turnhallentür und verbeugt sich. Noch während ich meine Sporttasche zur Seite lege, stellen sich alle in der Halle auf. Es scheint eine geheime Ordnung zu geben. Sie erschließt sich mir nicht. Ganz vorne steht ein Mann, wahrscheinlich der Trainer. Ich gehe auf ihn zu und will nur Hallo sagen und mich als Neue vorstellen. Er legt einen Arm über den anderen, streckt mir seine rechte Hand entgegen und beugt sich schweigend vor. Ich habe das Gefühl, alles falsch zu machen. Eine junge Frau hinten ruft nun etwas auf Koreanisch, alle drehen sich um 45 Grad, schauen zur südkoreanischen Fahne und legen eine Hand auf die Brust. Wieder eine Verbeugung, jetzt drehen sie sich nach vorne und verbeugen sich wieder. Alles erscheint mir surreal und fremd.

Wir laden ein und keiner kommt, wir reden und werden nicht verstanden.

Dieses „Hier kann man was falsch machen"-Gefühl kennen viele, wenn sie im Gottesdienst sitzen. Bei Tauf- und Erstkommunionfeiern, bei Hochzeiten und Trauerfeiern kommen Menschen, die weder die Räume noch die Abläufe kennen. Ihnen geht es wie mir beim ersten Training. Inzwischen mache ich seit vielen Jahren Taekwondo, ich zähle wie selbstverständlich auf Koreanisch, und die Rituale, die mir anfangs fremd waren, mache ich jetzt, ohne sie zu hinterfragen. Ich bin in der Taekwondo-Blase angekommen. Nur das Stirnrunzeln der Neulinge zeigt mir immer wieder, dass das alles nicht selbstverständlich ist.

Auch in der Kirchenblase fühlt es sich wohlig an, wenn man unter Gleichgesinnten ist. Aber immer mehr Menschen bleibt nur ein Stirnrunzeln – und das ist noch die harmloseste Reaktion. Um zu sehen, wie wir als Kirche wirken, hilft es, aus der eigenen Blase auszubrechen. Aber genau das ist schwierig. Gehen Sie doch einmal ganz bewusst an einen neuen Ort oder in eine Gruppe, die Ihnen völlig fremd ist. Wie leicht haben Sie alle benötigten Informationen gefunden? Wie wirkt der Ort auf Sie? Wie fühlen Sie sich? Was könnte Ihnen das Ankommen und Wohlfühlen erleichtern? Verstehen Sie alles? Was brauchen Sie, um gerne wiederzukommen?

Um zu sehen, wie wir als Kirche wirken, hilft es, aus der eigenen Blase auszubrechen.

Wer keine eigenen Ideen hat, wie er „ausbrechen" kann, den nehme ich gerne einmal mit zu uns ins Taekwondo-Training. Der Platz für Anfänger ist bei meinem Trainer übrigens ganz vorne – da, wo einen alle, die es besser können, gut sehen können. Auch hier hätte ich Ideen, wie man eine bessere Wohlfühlatmosphäre schaffen könnte – aber gegen die Tradition kommt man so schwer an. Aber das kennen wir ja.

Gut gemeint reicht nicht

Die Gesellschaft erwartet Professionalität – auch von uns

Marieke Kräling

69 Euro im Monat

69 Euro zahlt mein Nachbar Steffen. Jeden Monat. Dafür bekommt er was für Körper und Geist, erlebt Gemeinschaft und kann die schönen Räumlichkeiten nutzen. Sie denken, er zahlt 69 Euro Kirchensteuer? Nein, das ist sein monatlicher Beitrag fürs Fitnessstudio. Welches er übrigens auch nicht viel häufiger besucht als ein Großteil der Kirchenmitglieder eine Kirche. Aber dennoch bleibt er Mitglied. Vermutlich stellt er sich manchmal die Frage, warum. Aber anscheinend findet er schon seit Jahren eine gute Antwort darauf. Denn er ist nicht der Typ, der Geld zum Fenster rauswirft und einfach nur vergisst zu kündigen. Aber was hält Steffen und was gefällt ihm dort? Warum ist das Fitnessstudio für ihn so attraktiv, dass er gerne bereit ist, einen monatlich gar nicht mal kleinen Beitrag zu zahlen und ab und zu dort seine Zeit zu verbringen? Sie meinen, ein Fitnessstudio hat in diesem Buch nichts verloren? Ich denke doch. Denn die Anbieter aus dem Bereich Kultur, Soziales und auch Sport prägen in der Gesellschaft ein Bild, wie eine Institution zu sein hat, wie sie sich um Mitglieder kümmert oder wie sie kommuniziert. Die Menschen erwarten eine gewisse Qualität und zusätzlich von der Kirche noch viel mehr. Ich erlebe es oft, dass kirchliche Träger sich gerne auf das „viel mehr" konzen-

trieren. Doch fürchte ich, dass wir nicht mehr ernst genommen werden, wenn wir nicht auch in Sachen Qualität Schritt halten. Und deshalb stelle ich mir noch einmal die Frage: Was kann Kirche tun, um im Freizeit- und Kulturbereich mit anderen Anbietern auf Augenhöhe zu sein?

Augenhöhe ist ein guter Punkt. Denn es ist gut, wenn ich mir zunächst einmal anschaue, was die anderen anders machen und was ich mir davon abschauen kann. Hier hilft mir, dass ich nicht mein gesamtes Berufsleben bei der Kirche beschäftigt war. Ich bin studierte Betriebswirtin und war viele Jahre in der Unternehmenskommunikation für Wirtschaftsunternehmen, aber auch im gemeinnützigen Bereich tätig. Zu Beginn meiner Arbeit für die Citypastoral habe ich also einen Blick von außen mitgebracht, der sich nun nach einigen Jahren aber bereits zu trüben beginnt. Aber wir versuchen, gemeinsam mit unseren Kolleginnen und Kollegen, die an den verschiedenen Standorten in innovativen pastoralen Projekten arbeiten, stets einen Blick für neue Impulse von außen zu haben und resonanzfähig auf Themen der Gesellschaft und die Bedürfnisse der Menschen zu sein. Um Projekte nutzerorientiert zu entwickeln, braucht es einen Perspektivenwechsel, Kulturoptimismus und Professionalität. Zu Professionalität gehört für uns beispielsweise, dass wir auf Kooperationen mit Profis aus anderen Bereichen setzen und dass wir auch mit festen Budgets und mit Methoden aus dem professionellen Projektmanagement arbeiten – bei der Planung, bei der Durchführung, bei der Evaluation.

Um ernst genommen zu werden, muss die Qualität stimmen.

Aber langsam. Nun wollen wir uns die Punkte noch einmal im Einzelnen anschauen und dazu gehen wir noch mal zurück zu Steffen. Was macht sein Fitnessstudio so gut, dass er dort Mitglied ist und bleibt und nicht woandershin wechselt oder einfach kündigt? Und was können wir uns davon abschauen?

Denn sie wissen, was sie tun

Predigten schreiben, Ferienspiele organisieren, Chöre leiten, Trauergespräche führen, Mittel beantragen, Flyer gestalten. Kaum ein anderes Berufsfeld verlangt von seinen Mitarbeiterinnen und Mitarbeitern eine so unglaubliche Vielfalt an Fähigkeiten. Die Kirche hat tolle Leute, aber man kann einfach nicht alles können. So wundert es mich nicht, dass manche kirchliche Mitarbeiterinnen und Mitarbeiter nicht für ihre Aufgabe brennen, sondern eher dem Burnout nahe sind. In Steffens großem Fitnessstudio gibt es die einen, die die Sportkurse geben, andere kümmern sich ums Marketing. Es würde die Saunaaufsicht überfordern, wenn sie nebenbei auch noch die Abrechnung machen müsste. Klar, lässt sich dieses Bild nicht 1:1 auf unsere Arbeit in der Kirche übertragen. Schon gar nicht in Zeiten, in denen Personal und finanzielle Ressourcen knapper werden. Aber genau diesem Vergleich müssen wir dennoch in den Augen vieler Menschen standhalten – und die schwierigen Rahmenbedingungen gelten im Übrigen für Wirtschaftsunternehmen auch. Zeit ist knapp, die Zahl der Möglichkeiten, seine Zeit zu gestalten, unendlich. Die Gesellschaft hat einen gewissen Anspruch, welchem man gerecht werden muss, wenn man möchte, dass sie einen Teil der raren Zeit für die eigenen Anliegen „opfert". Oder wollen wir das gar nicht? Natürlich können wir auch einfach die Beine hochlegen und darauf vertrauen, dass Gott das schon irgendwie macht. Das wird er auch.

Man muss einem gewissen Anspruch gerecht werden, wenn man möchte, dass jemand seine rare Zeit für die eigenen Anliegen „opfert".

Alternativ können wir unsere Gestaltungsspielräume nutzen. Oder ist das nicht unser Auftrag, unsere Berufung? Also zurück zu Steffen. Und wem der Vergleich mit dem Fitnessstudio nicht gefällt: Steffen hat auch ein Theaterabo und er isst gerne und oft in guten Restaurants. Also was können wir uns vom Fitnessstudio, dem Theater oder auch von Wirtschaftsbetrieben wie einem Restaurant abschauen?

Professionalität ist hier das Schlagwort. Es kann nicht jeder alles können. Aber man kann jemanden kennen, der es gut kann. In der Citypastoral haben wir beispielsweise gute Erfahrungen mit der Professionalisierung und Auslagerung von manchen Aufgaben gemacht. Es gibt kompetente externe Partner, die Arbeiten übernehmen können. Zum Beispiel vergeben wir Grafikaufträge an einen freiberuflichen Grafiker. Mit dem Ergebnis, dass die Flyer und Plakate jetzt richtig gut aussehen, wir mehr Zeit für andere Aufgaben haben und es auch betriebswirtschaftlich Sinn macht. In der Kirche, wie übrigens auch in sozialen Einrichtungen und kleinen Unternehmen, vergisst man schnell, dass die Personalkosten für mich, wenn ich stundenlang an einem schlechten Flyer sitze, auch nicht unerheblich sind. Ich habe es versucht, aber drei Stunden und sieben Versionen später aufgegeben. Meine Flyer sehen einfach nie professionell aus, sondern immer wie selbst gebastelt. Durch die Zusammenarbeit mit dem Grafiker haben wir jetzt weniger Kosten und ein besseres Ergebnis. Schließlich sollen unsere Plakate, wenn sie in der Stadt an einem Zaun mit vielen anderen aus der Kulturszene hängen, auffallen – aber bitte nicht durch schlechtes Design.

Professionalität ist hier das Schlagwort. Es kann nicht jeder alles können. Aber man kann jemanden kennen, der es gut kann.

Mit etwas Glück finden Sie vielleicht in Ihrem Bereich auch einen Profi, der sie bei der ein oder anderen Aufgabe mit seiner Fachkompetenz unentgeltlich unterstützt – entweder als Privatperson oder „pro bono“ als Unternehmen. So können Sie auch mit knappen Ressourcen ein gutes Ergebnis erreichen. Grundsätzlich klären wir vor Start eines Projekts immer, welche Ressourcen – personell, finanziell und materiell – zur Verfügung stehen, wie Tools oder Partner bei der Umsetzung unterstützen und welche Synergieeffekte genutzt werden können. So bekommt man einen Überblick über die Möglichkeiten und kann versuchen, mit diesen das bestmögliche Ergebnis zu erzielen.

Wenn wir digital oder analog auftreten, als wären wir von gestern, erwarten die Menschen von uns keine Antworten auf die Fragen von heute.

Bei unserer Arbeit prallen immer mal wieder Idealvorstellung und Realität aufeinander, aber dann tröstet es, wenn man weiß: In Unternehmen beschäftigen sich beispielsweise mehrköpfige Teams mit der Unternehmenskommunikation oder dem Eventmanagement und ein Budget wird dafür zur Verfügung gestellt. In der pastoralen Arbeit hingegen hat man hierfür meist wenig personelle und finanzielle Ressourcen. Und dennoch sollten wir mit unseren Ressourcen ein Maximum an Professionalität erreichen – egal, ob in der analogen oder digitalen Welt. Dabei sein ist alles, darf hier nicht das Motto sein. Wenn wir digital oder analog auftreten, als wären wir von gestern, erwarten die Menschen von uns keine Antworten auf die Fragen von heute.

Der Weg ist das Ziel

Leicht verschwitzt kommen wir an. Nach einem vierstündigen Fußmarsch durch das Umland erreichen wir unser Ziel. In diesen Stunden war von allem etwas dabei: Spiritualität, Kennenlernen neuer Leute, gute Gespräche mit den Weggefährten oder auch Schweigen, wenn jemand das wollte. Hier am Ziel sitzen die Leute entspannt in der Sonne, manche essen ein Würstchen und die Kuchen scheinen auch zu schmecken. Das Wetter hat mitgespielt und über fünfzig Personen sind unserer Einladung gefolgt, haben an einer Sternwanderung teilgenommen und waren in drei Gruppen von unterschiedlichen Orten ans Ziel gewandert. Gemeinsam mit Freiwilligen hatten wir diesen Tag vorbereitet, viele Menschen waren bei der Durchführung des Projekts engagiert. Ökumenisch war es auch noch. Eigentlich hatte das Projekt alle Zutaten, um es als rundum gelungen zu bewerten. Warum aber wollte sich dann bei uns kein Gefühl der Zufriedenheit einstellen?

Warum wollte sich bei uns kein Gefühl der Zufriedenheit einstellen? Wir hatten doch an alles gedacht.

Eigentlich hatten wir doch an alles gedacht, oder?

- Idee entwickelt – gemeinsam mit Haupt- und Ehrenamtlichen
- Ort und Datum frühzeitig festgelegt
- Ressourcen geklärt: personell, finanziell, materiell
- Budgetplan erstellt und eingehalten
- Zeitplan erstellt und eingehalten
- Kooperationspartner und Freiwillige für den Tag gefunden

- frühzeitige Bewerbung des Angebots (Presseinfo an regionale Printmedien, Plakatwände, Newsletter, Internetseite, Social Media)
- Feedback der Teilnehmenden war durchweg positiv

„Alle" sind einfach keine Zielgruppe.

Fällt Ihnen was auf? Etwas ganz Entscheidendes fehlt. Wir haben bei unserem Organisationstrubel kein klares Ziel und keine klare Zielgruppe formuliert. Und genau das war es, was uns nachher gefehlt hat. Hätten wir stets vor Augen gehabt, für wen wir ein Angebot machen möchten, hätten wir den Tag selbst vermutlich anders gestaltet und auch anders beworben. So kam etwas raus, wo für jeden etwas dabei war – aber dadurch für niemanden etwas Maßgeschneidertes. Natürlich ist es nicht schlecht, wenn fünfzig Menschen teilnehmen. Aber wir waren im Nachhinein der Überzeugung, dass zu einem passgenaueren Angebot viel mehr gekommen wären. „Alle" sind einfach keine Zielgruppe.

Bei diesem Projekt hätte also einiges besser laufen können. Oder sagen wir es ganz klar: Wir haben Fehler gemacht. Übrigens tut es gar nicht weh, das zu sagen. Warum redet man eigentlich nicht viel öfter über Scheitern, über falsche Entscheidungen? Eine gute Fehlerkultur hilft, es beim nächsten Mal besser zu machen.

Steffen ist übrigens nicht mitgewandert. Er wäre eigentlich unsere Zielgruppe gewesen, aber irgendwie hatten wir ihn nicht im Blick. Vielleicht ist er ja beim nächsten Mal dabei. Wenn wir wieder wandern, aber eher nicht. Steffen hat es nicht so mit Natur, eher mit Kultur.

Schöne Räume sind auch ein Zeichen der Wertschätzung

Meine Familie geht gerne in Kirchen. In jedem Urlaub, in jeder Stadt gehört der Kirchenbesuch zum Pflichtprogramm. Aber nicht, um Gottesdienst zu feiern, meine Eltern gehören keiner Kirche an. Aber sie schätzen die Ästhetik und den kulturellen Wert der Kirchen. Und so geht es vielen. Viele Menschen gehen in Kirchen wie in Museen. Wie wäre es, wenn wir uns also von Museen Anregungen holen, wie man Menschen willkommen heißt und wie man Räume attraktiv gestalten kann? Aber bitte von modernen. Denn auch in angesagten Museen sind die Zeiten längst vorbei, in denen nur eine kleine Infotafel Auskunft gibt oder in denen im Eingangsbereich vollgestopfte Schwarze Bretter hängen. Interaktive Erlebnisse sind angesagt. Natürlich ist nicht jede Kirche ein Publikumsmagnet. Aber insgesamt ist vermutlich dennoch die Zahl der Besucher und Besucherinnen mit kulturellem Interesse größer als die der Messbesucher. Neben Schautafeln, gedruckten Kirchenführern und Kirchenführungen mit Gruppen gibt es inzwischen technische Möglichkeiten wie Apps und Audioguides oder Kirchenrallyes, die einen den Kirchraum neu erleben lassen oder die genutzt werden können, um die Botschaft auch außerhalb der Kirche beispielsweise in der Natur oder bei einem Stadtrundgang zu verkünden. Im Wiener Stephansdom sieht man auf einem Bildschirm sakrale Fensterbilder mit den Konterfeis echter Menschen. Auf diese eindrucksvolle Weise wird dort den Spenderinnen und Spendern gedankt. Oder wie wäre es mit echter Interaktion? In der Grimmwelt in Kassel kann man sich als Hologramm mit den sieben Zwergen an einen Tisch

> **Wer würde sich nicht gerne mit Jesus und seinen Jüngern an einem Tisch sehen?**

setzen. Wer würde sich nicht gerne mit Jesus und seinen Jüngern an einem Tisch sehen? Das klingt vielleicht zu verspielt, zu unseriös, aber genau diese Botschaft wollen wir den Menschen zeigen. Du, genau du, bist ein Jünger oder eine Jüngerin Jesu und gehörst zur Gemeinschaft der Heiligen.

Wer eine Kirche als kulturellen Ort besucht, kann vielleicht eine spirituelle Erfahrung machen, die sehr tief geht. Wir machen es den Menschen aber nicht leicht, wenn wir zwar die Türen öffnen, den Kirchenraum aber nur für liturgische Anlässe gestalten, nicht aber für die, die sich vor allem für Kultur interessieren. Dann entgehen den Menschen spannende Geschichten und wir verpassen die Chance, Zugang zu christlichen Inhalten, Wissen und Werten zu ermöglichen.

Wir verpassen die Chance, Zugang zu christlichen Inhalten, Wissen und Werten zu ermöglichen.

Neben Kirchen, Andersorten und kirchlichen Einrichtungen spielte bei meiner kirchlichen Sozialisierung besonders ein Ort eine große Rolle: das Gemeindehaus. Ich bin gerne hingegangen, auch wenn es muffig roch, der Renovierungsstau unübersehbar und die Kekse oft schon etwas pappig waren. Das Gemeindehaus mit seinen verschiedenen Räumen war wirklich kein attraktiver Ort. Und doch bin ich wiedergekommen, weil andere Bedürfnisse gestillt wurden. Aber was ist mit den Menschen, die noch keine Beziehung haben? Menschen, die sich in muffigen, dunklen Räumen zurechtfinden sollen, wo noch nicht einmal Schilder den Weg weisen. Und was ist mit den Menschen, die auf Gehhilfen angewiesen, blind oder gehörlos sind oder einen Kinderwagen dabeihaben? Warum sind so wenige Gemeindehäuser oder Pfarrbüros barrierefrei? Warum hängt nicht einmal die Klingel so, dass man sie ohne Stufen erreicht? Und das obwohl schon allein der Altersschnitt der aktiven Kirchenmitglieder Barrierefreiheit eigentlich zur Bedingung macht.

Gerade wir als Kirche sollten die Menschen und was sie brauchen im Blick haben. Und wenn schon keine Renovierung möglich ist, sollten wir wenigstens einmal im Jahr einen Aufräumtag machen. Der ganze Nippes, der sich übers Jahr angesammelt hat, wird aussortiert und die Aufräumhelferinnen und -helfer dürfen sich etwas mitnehmen. Vielleicht gibt es auch eine Gruppe, die einen Raum neu streicht? Und abends wird der Grill angeschmissen und so haben nicht nur die Räume gewonnen, sondern auch das Gemeinschaftsgefühl.

Räume sollten nicht aus Selbstzweck bestehen, dafür ist ihr Unterhalt zu teuer. Aber man kann sie mit neuem Leben füllen. Ich mag die Vorstellung, dass morgens eine Schulklasse die Räume nutzt, mittags Jurastudierende dort lernen, sich nachmittags die Pfadfinder dort treffen und abends eine Kochgruppe der VHS. Und wenn dann am Wochenende noch eine Jugendliche ihren achtzehnten Geburtstag dort feiern darf und wieder andere einen Kaffee nach der Beerdigung dort trinken können, dann wird wohl kaum jemand die Frage stellen, ob sich der Unterhalt der Räume lohnt. Zumal alle Nutzenden der Räume einen Kostenbeitrag leisten können. In der Stadt sind Räume Mangelware, sie mit Leben zu füllen, dürfte also nicht allzu schwer sein. Und sollte das nicht klappen, gibt es noch eine unpopuläre Lösung: Dann sollte man sich auch von Räumen trennen und lieber die bleibenden dafür attraktiv gestalten. Manchmal ist weniger mehr. Und neue Möglichkeiten tun sich auf, wenn man weniger oder andere Orte nutzt. Dann entsteht die Chance, Räume auszuwählen, die wirklich zum Thema

Räume sollten nicht aus Selbstzweck bestehen, dafür ist ihr Unterhalt zu teuer. Aber man kann sie mit neuem Leben füllen.

oder der Zielgruppe passen. Mit anderen Orten fallen Hindernisse weg, die aktuell Menschen den Zugang erschweren – und damit meine ich nicht vorrangig Treppen. Jesus hat nicht sein ganzes Leben an einem Ort gesessen und gewartet, dass die Menschen zu ihm kommen, sondern ist an die Orte gegangen, wo sie bereits waren. Wie wäre es mit einem morgendlichen Angebot in Steffens Fitnessstudio? Eine Idee für einen Namen des Projekts hätte ich schon. „Body and Soul“ klingt doch, als würde es gut ins Programm passen.

Effizienz oder wie man Freiwillige motiviert

„Sorry, ich hab’ eigentlich keine Zeit. Oder doch. Aber erst um 19:30 Uhr, wenn die Kinder im Bett liegen.“ „Ich möchte aber nicht nach zehn nach Hause kommen, ich muss morgen früh raus.“ Wer mit Freunden in meinem Alter versucht, ein Treffen auszumachen, kennt solche Aussagen. Wer öfter Termine mit Freiwilligen koordiniert natürlich auch. Steffen hätte zudem maximal an einem Wochentag Zeit – an den anderen Tagen ist er bereits verplant. Kino, Abendessen mit Kumpels, Pärchenabend, eine Dienstreise und ins Fitnessstudio wollte er ja auch seit Ewigkeiten mal wieder. Zeit ist rar – bei Steffen und bei vielen anderen. Aber es gibt genug Leute, die sich ab und zu dennoch ehrenamtlich einbringen möchten. Sie sind bereit, Zeit, Ideen und auch Geld zu investieren, wenn ihnen ein Thema wichtig erscheint. Wir als Hauptamtliche haben dann die Aufgabe, mit diesen knappen Ressourcen auch verantwortungsvoll umzugehen. Kaum etwas ist für mich schlimmer als eine mehrstündige Sit-

Wir Hauptamtliche haben die Verantwortung, mit Ressourcen verantwortungsvoll umzugehen.

zung, bei der am Ende die W-Fragen nicht beantwortet sind. Die Frage nach dem „Warum?“ wird oft vergessen, das bin ich schon gewöhnt. Aber selbst das „Was“, „Wie“ und „Wer“ ist manchmal nach stundenlanger Diskussion noch nicht geklärt. Manche Themen brauchen Zeit, das ist klar. Manchmal dürfen auch Termine etwas länger dauern als geplant. Aber wenn es die Regel ist, dann riskieren wir, Menschen zu verlieren. Fast niemand hat mehr Zeit und Lust, seine Zeit abzusitzen. Es fühlt sich einfach gut an, genau das zu tun, was man geplant oder von einem Treffen erwartet hatte. Gehe ich zu einer Lesung, dann höre ich zu. Besuche ich eine Podiumsdiskussion, dann erwarte ich regen Austausch. Sitze ich in einem Gottesdienst, nehme ich mir Zeit, zur Ruhe zu kommen und mich zu besinnen. Aber bin ich Teil einer Arbeitsgruppe, dann will ich arbeiten. Und dann will ich verwertbare Ergebnisse. Vermutlich kann auch nur so Steffens Fitnessstudio noch existieren. Auch sie haben mit sinkenden Mitgliederzahlen zu kämpfen. Wenn sie es nicht jedes Jahr aufs Neue schaffen, Mitglieder anzuwerben und Bestehende zu halten, dann gehen sie über kurz oder lang pleite. Nicht produktiv zu sein, können sie sich nicht leisten.

Es braucht Effizienz und Spiritualität - alles zu seiner Zeit. Das eine schließt das andere nicht aus.

Ich gebe es zu. Ab und zu geht die Betriebswirtin mit mir durch. Ich optimiere gerne. Dabei besteht vielleicht auch die Gefahr, dass man so viel wegrationalisiert, dass irgendwann das Wesentliche fehlt. Das Wesentliche ist bei unserer Arbeit Gott. Auch wenn ein Wegrationalisieren somit vermutlich gar nicht möglich ist, so sehe ich doch, dass im Tagesgeschäft oft wenig Raum für Spiritualität bleibt. Wie schade. Es braucht beides. Effizienz und Spiritualität – alles zu seiner Zeit und manchmal schließt das eine das andere nicht aus.

Eine Frage der Freiheit

Im Buch „Pastoral am Puls" beschreibt Kurt Faulhaber seine Vision von einer Kirche als Erfahrungsraum gelebter Freiheit. „Das Freigewählte hat einen höheren Wert als das Verpflichtende, das Originelle einen höheren als das Angepasste. (…) Ein Höchstmaß an Freiheit und Vertrauen ist Kennzeichen, dass der Geist Jesu wirkt."[1] Genauso wünsche ich mir meine Kirche. Genauso tickt in meinen Augen die Gesellschaft. Und vielleicht ist die Freiheit oder Freiwilligkeit auch ein Punkt, warum Steffen immer noch Mitglied im Fitnessstudio ist. Es ist seine freie Entscheidung, zu gehen oder zu bleiben, den Basic-Tarif oder den Premium-Tarif zu zahlen, viel zu trainieren oder fast nie. Und schlussendlich beschwert sich auch niemand, wenn er gar nicht hingeht. Er ist gerne Mitglied. Immerhin bekommt er auch etwas geboten für sein Geld: schöne Räume, ein interessantes Angebot, professionelle Mitgliederbetreuung. Steffen fühlt sich als Teil der Studiofamilie und er ist stolz drauf, dort Mitglied zu sein. Und wenn er hingeht, tut er noch etwas für Körper und Geist und erlebt Gemeinschaft. Vielleicht würde Steffen sich auch in der Kirche wohlfühlen. Das können wir doch schließlich alles auch, oder?

Anmerkungen

1 Gerber, M., Brantzen, H., Faulhaber, K., Schmidt, B. (2019), Pastoral am Puls. Glaubenswege gehen – geistliche Prozesse leiten. Verlag Herder GmbH, 58.

54.000 Sekunden

Die Gefahr, dass sich Kirche nur um sich selbst dreht

Iñaki Blanco

Ein Blick in den Kalender

54.000 Sekunden. Ich war selbst erstaunt, als ich am Ende einer Arbeitswoche ausgerechnet habe, wie viel Zeit ich eigentlich in Treffen, Ausschüssen und Abstimmungsrunden verbracht hatte.

54.000 Sekunden – das sind 900 Minuten oder 15 Stunden. Ich war selbst baff – und Sie können sicher sein: Ich bin weder Generalvikar, noch arbeite ich in der kirchlichen Verwaltung, wo es einfach mehr Abstimmungsbedarf gibt.

Hier eine Zusammenfassung meines Terminkalenders: Dienstagmorgen „Kleine Dienstbesprechung" des Pastoralteams der Innenstadt, mittags „Dienstbesprechung" in Teams mit der Referentin im Bistum über die Citypastoral, am selben Tag nachmittags Zoomkonferenz, in der allen Mitarbeitern die neue Struktur des Bischöflichen Generalvikariats erläutert wird. Mittwochmorgen „Dekanatskonferenz". Donnerstagmorgen: Konferenz in Fulda für Priester und Pastoralreferenten der katholischen Gemeinden, die nicht Deutsch als Muttersprache haben. Am Donnerstagabend Treffen des Kirchenteams Hanau-Innenstadt, in dem sich Priester, hauptamtliche und ehrenamtliche Laien treffen, um die pastoralen Aktivitäten der Stadt zu koordinieren.

Es ist wahr, dass es eine ungewöhnliche Woche war, ich habe normalerweise nicht so viele Treffen und Versammlungen. Die Beschreibung, die ich gerade gegeben habe, ist die einer Woche, in der es überdurchschnittlich viele Treffen gab – aber keines der Treffen war außergewöhnlich. In zwei dieser Sitzungen habe ich nicht gesprochen und in zwei weiteren habe ich ein Projekt vorgestellt, 10 Minuten, 600 Sekunden.

Man könnte meinen, Kerntätigkeit des kirchlichen Dienstes ist es, Sitzungen zu veranstalten und sich in Ausschüssen zu treffen.

Meine Hauptaufgaben haben mit der pastoralen Arbeit zu tun, mit dem Kontakt zu Menschen in zwei verschiedenen Kontexten, der Citypastoral und einer kleinen katholischen Gemeinschaft für Spanischsprachige in dieser Region. Ich habe, zumindest soweit ich weiß, keine Leitungsfunktion, ich bin niemandes Chef, ich treffe keine wichtigen Entscheidungen. Meine Aufgabe ist es, mit einzelnen Menschen zu arbeiten, aber ich bin oft entmutigt, wenn ich über Wochen wie diese nachdenke und darüber, dass man an diesen Treffen teilnehmen muss, einfach weil es das Richtige ist.

Stuhlkreise für die Ewigkeit

Während der Arbeit an diesem Kapitel hörte ich mich bewusst bei Kolleginnen und Kollegen um, wie viel Zeit sie in Sitzungen verbringen. So traurig es ist: Ich bilde da keine Ausnahme. Im Gegenteil. Man könnte meinen, eine Kerntätigkeit des kirchlichen Dienstes ist es, Sitzungen zu veranstalten und sich in Ausschüssen zu treffen.

Ich möchte hier nicht anzweifeln, dass es wichtig ist, gute Entscheidungen im Team zu treffen und sich zu beraten. Aber ich bin skeptisch, ob die Zeit und die Anzahl der Sitzungen, die dafür aufgewendet werden, wirklich nötig sind. Es kommt nämlich auch auf den Inhalt an.

In drei Sitzungen ging es auch immer wieder um das gleiche Thema, um Fusionen, um größer werdende Gemeinden, um die Schließung von Gemeindezentren und Kirchen, kurzum um neue Strukturen, weil die alten nicht mehr ausreichen. Viele böse Gesichter, viel Frustration, viele Pläne und ein bisschen neue Hoffnung. Man hört, dass wir uns verändern müssen, aber viele Menschen versuchen, aus der Vergangenheit zu retten, was sie können.

Ich höre immer den gleichen Personen oder der gleichen Art von Personen zu. Das macht unseren Horizont sehr klein.

Wenn ich mich für einen eminent pragmatischen Weg entschieden habe und nicht für einen bürokratischen, wie ist es dann möglich, dass ich so lange sitzen muss, um mir so oft die gleichen Themen und die gleichen Sorgen anzuhören?

Ich hatte einen Professor für Eschatologie an der Universität, der uns am Ende der Vorlesung immer sagte, die einzige Gewissheit, die er habe, sei, dass Christus, wenn er auf die Erde zurückkomme, seine Kirche versammelt und Pläne schmiedend vorfinden werde.

Pläne, die sich, wie ich glaube, in einer sehr schwierigen Dialektik bewegen: die Bewahrung des Guten, das wir aus der Vergangenheit haben, und die Notwendigkeit, Neues zu schaffen und zu reformieren. In dieser Diskussion reden und sorgen wir uns oft nur immer wieder um unsere eigenen Strukturen. Deshalb habe ich manchmal das Gefühl, dass, egal vor welcher kirchlichen Gruppe ich stehe, die Themen die gleichen sind und sich wiederholen. Ich habe auch das Gefühl, dass ich immer den gleichen Personen oder der gleichen Art von Personen zuhöre, was unseren Horizont sehr klein macht. Die Gesichter, die Beschwerden, die Reden sind oft die gleichen. Wir vergessen, dass unsere Gesellschaft und unsere Gemeinden sehr vielfältig sind. Vielfältig in jeder Hinsicht, nach Herkunft, Sprache, sexueller Identität, Familienwahl, wirtschaftlichen Ressourcen, politischen Ansichten ... Auch in kirchlichen Diskussionen sind einige sehr liberal, andere sehr konservativ ... und ich frage mich, ob ich der ganzen Gemeinde zuhöre und mit ihr kommuniziere oder nur mit einem Teil von ihr. An wen wende ich mich? Berücksichtigen wir bei all diesen Plänen, die wir machen, alle? Ich spreche nicht einmal von Nicht-Gläubigen oder Nicht-Katholiken, sondern auch von Katholiken, die sich ausgeschlossen fühlen.

Wir vergessen, dass unsere Gesellschaft und unsere Gemeinden sehr vielfältig sind.

Mir blutet das Herz bei der Frage, wozu Kirche eigentlich da ist, oder anders formuliert: Was sollte im Terminkalender einer Person stehen, die in der Kirche arbeitet?

Sie haben einen seltsamen Namen!

Als ich vor einigen Monaten mit jungen Erwachsenen in der Gemeinde sprach, waren sie etwas überrascht von den Nachrichten, in denen die Bischöfe über die Reform des kirchlichen Arbeitsrechts sprachen, mit der die Diskriminierung aufgrund der Lebensform oder des Geschlechts und der sexuellen Identität abgeschafft wurde. Für diese jungen Leute, ehemalige katholische Schüler, schien dies kein Durchbruch zu sein, sie nahmen einfach die Normalität an, die Normalität, die sie in allen Bereichen, in denen sie leben, an der Universität, am Arbeitsplatz, in der Familie, erlebten ... Die Kirche hatte keinen Durchbruch erzielt, sie akzeptierte einfach das, was alle um sie herum akzeptieren, es gab keine große Neuigkeit. Was viele dieser jungen Menschen damals wahrscheinlich nicht kannten, waren die Sorgen der Lehrerinnen und Lehrer, Pädagoginnen und Katecheten, die jahrelang verbergen mussten, wer sie sind, um nicht ihren Job zu verlieren oder nicht mehr das tun zu können, was sie gerne tun.

Ein weiteres Beispiel ist die Frage der Interkulturalität in unseren Gemeinschaften und Strukturen. Während wir dies in unserer Welt als relativ selbstverständlich ansehen, gibt es in unserer Kirche immer noch einen gewissen Widerstand, dies als normal zu akzeptieren.

Vor einigen Wochen unterhielt ich mich mit einem Kollegen, der in einer katholischen Einrichtung in einer Region mit hohem Migrantenanteil arbeitet. Er hat einen in seinem Heimatland in Lateinamerika sehr verbreiteten Nachnamen, so etwas wie Müller oder Schneider hier in Deutschland. Er kam als Jugendlicher hierher, um einer gefährlichen Situation zu entkommen, in der Gewalt gegen seine Familie ausgeübt wurde. Nennen wir ihn Hugo.

> **Während Interkulturalität in unserer Welt relativ selbstverständlich ist, gibt es in unserer Kirche immer noch Widerstände.**

Eines Tages nahm er an einer Fortbildung teil, die in einer anderen Stadt stattfand. Sie war weit entfernt von seiner eigenen Region und es lebten dort nicht viele Einwanderer.

Im Rahmen dieser Fortbildung betrat er einen Konferenzraum und die Sprecherin, eine Gemeindereferentin, nahm eine Liste mit den Namen der Teilnehmer und ging diese durch. Meinen Kollegen ließ sie bis zum Schluss stehen und bevor sie seinen Namen aussprach, sagte sie nach einem nervösen Lächeln: „Sie haben einen seltsamen Namen." Hugo wiederholte nur höflich seinen Namen und die Dame fragte ihn, ob er die Erklärungen, die sie vorher gegeben hatte, verstanden habe. Mein Kollege war etwas verärgert über die Situation, aber er war nicht allzu überrascht, denn er hatte schon ähnliche Situationen bei der Arbeit mit Menschen aus dem kirchlichen Umfeld erlebt. Nicht viele, aber sicherlich häufiger als in anderen Umgebungen.

Was ist hier nun das Seltsame – der Name des Kollegen oder vielmehr die Sicht der Referentin auf Kirche und Gesellschaft?

Von den 84 Mio. Menschen, die in diesem Land leben, haben 23,8 Mio. von uns einen Migrationshintergrund und 13 Mio. von uns sind Ausländer. Tatsächlich kommen mehr als 500.000 dieser 13 Mio. aus Lateinamerika und Spanien, haben hispanische Nachnamen, und viele von uns sind Katholiken[1]. Innerhalb der katholischen Kirche haben nach Angaben der Deutschen Bischofskonferenz 16 % der in Deutschland lebenden Katholiken eine andere als die deutsche Staatsangehörigkeit. In vielen Diözesen ist dieser Prozentsatz noch ausgeprägter, in einigen Diözesen werden in nicht allzu vielen Jahrzehnten ausländische Katholiken in der Mehrheit sein. In der Tat handelt es sich bei den ausländischen Katholiken um die einzige Gruppe innerhalb der katholischen Kirche in Deutschland, deren Mitgliederzahlen ansteigen.

Ist die katholische Kirche nicht eine universelle Institution, in der wir alle willkommen sind?

Wenn Hugos Name und Vorname weder bei seiner Krankenversicherung noch im Rathaus oder im Fitnessstudio für Verwirrung sorgen, warum bereiten sie dann in der Kirche weiterhin Probleme? Warum wird er ständig falsch geschrieben? Ist die katholische Kirche nicht eine universelle Institution, in der wir alle willkommen sind, wo immer wir uns als Kinder Gottes befinden?

Ich glaube nicht, dass die Bemerkung der Gemeindereferentin böswillig oder rassistisch war. Ich bin sogar davon überzeugt, dass sie in guter Absicht gehandelt hat. Aber die einfache Tatsache, dass sie den Namen eines kirchlichen Mitarbeiters in einer Sprache sah, die sie nicht verstand, überraschte sie und so fragte sie ihn freundlich, ob er sie gut verstehe.

Versuchen Sie nun, sich dieselbe Situation unter den Ärzten in einem der Krankenhäuser unserer Städte oder in einem Ausbildungskurs in einer der Fabriken um uns herum vorzustellen. Ich glaube, dass die Anekdote mit Hugos Namen genau das ist, eine Anekdote und ein Symptom für ein grundlegendes Problem in der Kirche, das Problem der Vielfalt.

Kirche und Vielfalt

Wie oft habe ich bei einigen meiner Aktionen im Rahmen der Citypastoral auf der Straße Menschen getroffen, die sich aus verschiedenen Gründen von der Kirche ausgeschlossen fühlten? Die Wahrheit ist, dass diese Gespräche leider keine Gelegenheitsfälle sind, sondern fast schon Routine, sobald man die Mauern der Kirche und des Gemeindezentrums verlässt.

Kirche schließt Menschen aus, weil sie selbst nicht vielfältig ist.

Das obige Beispiel ist nur ein kleines Beispiel dafür, dass es in unserer Kirche mancherorts immer noch geschlossene Umgebungen gibt, die nicht sehr offen sind. Man spürt, dass dahinter ein sehr monolithisches Gemeindekonzept und sehr einheitliche Mentalitäten stehen, was es bedeutet, katholisch zu sein oder für die Kirche zu arbeiten. Kirche schließt Menschen aus, weil sie selbst nicht vielfältig ist.

In diesen geschlossenen Umgebungen entsteht Ablehnung und oft verursacht diese Ablehnung bestimmter Menschen, die der Kirche angehören wollen, aber aus dem einen oder anderen Grund nicht willkommen sind, Frustration und Schmerz in diesen Männern und Frauen. Dies sind sehr tiefgreifende Erfahrungen, die ihre Beziehung zur Kirche und leider auch zu Gott prägen. Die Angst vor dieser Ablehnung führt auch dazu, dass Menschen Dinge verbergen und sich nicht so zeigen können, wie sie sind, oder offen sagen, wen sie lieben oder mit wem sie leben. Kirche tritt für Vielfalt ein – hat aber faktisch Angst vor Vielfalt.

Es handelt sich hierbei um eine der Tatsachen, die mich am meisten verwirren, die mich am meisten stören und die mich wütend machen. Wie ist es möglich, dass es Gläubige gibt, die sich in der Kirche mehr ausgegrenzt fühlen als in anderen Bereichen der Gesellschaft, wo es doch vom Prinzip und vom Auftrag her genau umgekehrt sein sollte? Und ich spreche nicht nur von der Institution und der Hierarchie, sondern auch von vielen Mitgliedern an der Basis der Gemeinschaften. Sind wir wirklich einladend und sensibel für Unterschiede?

Kirche tritt für Vielfalt ein – hat aber faktisch Angst vor Vielfalt.

Wir ändern dies auch nicht, indem wir uns abkapseln oder tausend Pläne schmieden, nicht einmal dadurch, dass wir einen Kurs darüber besuchen, wie wir einladender sein können. Letzteres hilft, aber es reicht nicht aus. Man muss seine Mentalität ändern, sich öffnen, sich mischen, Räume und Aktivitäten teilen, sogar an Orte gehen, an denen man sich nicht wohlfühlt, wenn man sagt, dass man Christ ist. Denn nur wenn man die Erfahrung macht, anders zu sein, kann man lernen, die Vielfalt zu akzeptieren und sie als etwas Gutes zu sehen.

Wozu ist Kirche da? Man könnte meinen, dass sie Menschen zusammenführen und sie mit der frohen Botschaft in Kontakt bringen soll. Selbstverständnis und Wunsch der Kirche an sich selbst: Wir sind vielfältig und hier findet jede:r einen Platz. Finden wir den Weg dorthin?

Was macht ein Nikolaus vor einem Hochhaus?

Türkoglu, Hamat, Fernandes, Tizek, Romano, Nimes, Mousala, Gogol, Vasilevic, Grun, Novak … sind einige der Nachnamen, die ich an den Türklingeln eines Hochhauses in Lamboy, in der Nähe des Bahnhofs Hanau Nord, sehe. Es ist der 6. Dezember, und ich bin als Nikolaus verkleidet, der echte, mit seiner Mitra, seinem Bischofsanzug, seinem Mantel, seinem Bischofsstab. Der Tag ist kalt und regnerisch, es ist schon dunkel. Ich stehe vor den Briefkästen, etwa 20 an der Zahl, und suche nach dem Nachnamen, der auf meiner Liste steht: Di Lucca.

Selbstverständnis und Wunsch der Kirche an sich selbst: Wir sind vielfältig und hier findet jede:r einen Platz.

Die Leute, die ich treffe, seit ich aus dem Bus gestiegen bin, reagieren unterschiedlich. Einige vermeiden es, mich anzusehen und schauen zu Boden, andere schauen mich an und lachen wissend. Da ist ein Junge, der zu mir sagt: „Hey, Jesus!“ Ein anderer Junge, der sich gerade über den Sieg der marokkanischen Nationalmannschaft bei der Weltmeisterschaft freut, möchte ein Foto mit mir machen.

Im Jahr 2020 kam uns, aufgrund der Pandemie und des Zutrittsverbots für Außenstehende in Kindergärten und Schulen, die Idee zu dem Projekt „Nikolaus kommt ins Haus“. Familien buchten den Nikolaus und ein Nikolaus besuchte diese Familien in ihren Häusern. Es gab Familien, die in Villen am Wald wohnten, und 6-köpfige Familien in Zwei-Zimmer-Mini-Wohnungen.

Zwei Jahre später fahre ich mit dem Aufzug, begleitet von einer verschleierten Dame, die vom Einkaufen kommt und mich seltsam ansieht. Als ich an der Wohnung ankomme, steht die Tür offen, die Mutter und die Großmutter der Kinder haben eine kleine Tasche mit einigen Geschenken vor der Tür abgestellt. Die Mutter Valeria (Name geändert) ist Erzieherin in einem Kindergarten, sie hat zwei Kinder, einen sechsjährigen Jungen und ein vierjähriges Mädchen. Das Mädchen möchte meine Mitra tragen, also nehme ich sie ab, sie setzt sie auf und wir vier machen ein Foto, die Kinder, der Nikolaus und der Hund.

> **Das Mädchen möchte meine Mitra tragen, sie setzt sie auf und wir vier machen ein Foto, die Kinder, der Nikolaus und der Hund.**

Soweit ein typischer Besuch, dann kommt das Neue. Valeria erzählt mir, dass im ersten Stock eine alte Dame, Frau Fischer, wohne (Name geändert). Sie könne sich nicht mehr so gut bewegen und nicht mehr so oft in die Kirche gehen wie früher. Sicher würde sie sich über einen Besuch freuen. Ich stimme zu und Valeria tippt etwas in ihr Handy. Der Besuch bei Frau Fischer ist sehr angenehm, sie gibt mir ihren Segen und ich gehe in den Hof.

Plötzlich stehen zu meiner Überraschung mehr als zwölf Kinder und einige Erwachsene mit ihren Handys vor der Tür. Als ich hinausgehe, beginnen sie zu filmen und zu fotografieren, die Kinder drängen sich um den Nikolaus. Sie nehmen ein paar Pralinen aus der Tüte, einige schenken mir selbstgemalte Bilder. Ich begrüße die Erwachsenen, normalerweise die Eltern und Großeltern der Kinder. Dann unterhalte ich mich eine Weile, mache ein paar Fotos und verabschiede mich, nachdem ich dem Gesang der Kinder gelauscht habe.

Ich wusste es nicht, aber Valeria hatte in der WhatsApp-Gruppe des Hauses angekündigt, dass es an diesem

Tag einen ganz besonderen Besuch geben würde. Sie hatte nämlich das Lied mit ihren Kindern und anderen Nachbarn einstudiert und damit quasi ein kleines soziales Ereignis im Haus organisiert. Um ehrlich zu sein, verlasse ich diesen Ort glücklich und zufrieden: Das Gespräch mit Frau Fischer und mit den Familien sind ein schöner Moment, einer der besten seit mehreren Wochen. Übrigens an einem unerwarteten Ort, zumindest für mich.

Bei Menschen zu Gast

Warum bin ich so zufrieden gegangen? Zufrieden mit einer gut gemachten Arbeit, es war keine spektakuläre Sache, auch nicht mit vielen Menschen. Aber als ich diesen Ort verlasse und die Gesichter der Akzeptanz und Zufriedenheit der Menschen sah, bin ich überzeugt, dass es sich gelohnt hat. Ich habe etwas von der christlichen Botschaft und den christlichen Symbolen in ein Umfeld gebracht, in dem die Menschen nicht daran gewöhnt sind, ja, in dem sie sogar in der Minderheit sind. Die Menschen, die dort waren, haben ein positives Bild von der Kirche erlebt. Eine Kirche, die zu ihnen kommt, in ihre Umgebung, in ihr Zuhause.

Ich habe etwas von der christlichen Botschaft und den christlichen Symbolen in ein Umfeld gebracht, in dem die Menschen nicht daran gewöhnt sind.

Im Rahmen meiner täglichen Arbeit in der Pfarrei besuche ich viele Menschen zu Hause. Wann immer ich kann, versuche ich das. In einer Stadt ist das einfacher, ich habe das Fahrrad und die öffentlichen Verkehrsmittel. Für mich ist das ein wesentlicher Teil meiner Arbeit. Wann immer es möglich ist, spreche ich mit den Menschen zu Hause, in ihrer gewohnten Umgebung, um ihnen in ihrem Alltag zu begegnen, mehr über sie zu erfahren und sie besser kennenzulernen. In der Regel wissen die Empfänger das sehr zu schätzen. Es ist angenehm, es ist nah, es baut Barrieren und Vorurteile ab. Es ist der ideale Weg, um sich gleichberechtigt zu fühlen, ohne Hierarchien.

Wir hören oft, dass die Kirche sich den Menschen nähern sollte – die Besuche zu Hause sind ein kleines Rezept und ein Weg, der für mich funktioniert. Er ist auch relativ günstig; alles, was man braucht, sind ein Paar gute Turnschuhe und einen Fahrschein.

An jenem Nikolaus-Tag sprach niemand mit mir über Strategien, Pläne oder Fusionen. Niemand ärgerte sich über mich, weil die Kirche in der Nähe geschlossen werden sollte oder über die wenigen Leute, die zum Chor gehen. Ich teilte einfach einen Moment mit den Familien, ohne zu vergessen, dass der Grund, der uns zusammengebracht hat, die Erinnerung an den Nikolaus und dessen Feier war. Wie gerne würde ich solche Momente öfter erleben!

Wann immer es möglich ist, spreche ich mit den Menschen zu Hause, in ihrer gewohnten Umgebung.

Die Suche nach solchen Momenten sollte ein Teil meiner Arbeitsrealität sein. Leider ist das, wie ich oben erklärt habe, nicht immer der Fall. Es stimmt, dass meine Arbeit in der Citypastoral mir eine Freiheit gibt, die viele meiner Kollegen, die in anderen Bereichen arbeiten, nicht haben. Aber die Suche nach der persönlichen Begegnung, dem „face to face“ …, um anderen Jesus durch unsere Anwesenheit näherzubringen, ist, glaube ich, ein wichtiger Teil der Pastoralarbeit in der Gemeinde, in Schulen, Gefängnissen oder Krankenhäusern. Aus der Anonymität unserer Büros, unserer Kirchen herauszukommen, damit die Menschen um uns herum nicht mehr anonym sind.

Kirche ist dazu da, bei den Menschen zu sein. Das heißt auch: nicht nur schnell mal auftauchen und wieder weg sein. Sondern einfach auch Zeit mitbringen – Zeit haben – und Zeit schenken.

Das teuerste Ave Maria der Welt

Vor ein paar Jahren war ich als Praktikant in einem Krankenhaus. Jeden Morgen, wenn ich ins Krankenhaus kam, ging ich auf die Stationen, die mir mein Mentor zugewiesen hatte, und stellte mich Zimmer für Zimmer vor, sprach mit Bekannten, manchmal mit dem Personal, nichts Außergewöhnliches. Ich trug ein kleines Gebetbuch in meiner Tasche.

> **Kirche ist dazu da, bei den Menschen zu sein. Das heißt auch: Zeit mitbringen – Zeit haben – Zeit schenken.**

Eines Tages drehte ich wie an jedem anderen Tag meine morgendliche Runde und auf einer dieser Runden kam ich bei einem Herrn vorbei, der an einem Gespräch interessiert schien.[2] Er erklärte mir, dass es ihm nicht gut gehe und er sich gerade untersuchen lasse. Wir kamen schließlich auf Fußball zu sprechen, er ein Juventus-Fan, ich ein Athletic-Bilbao-Fan, das Thema war das UEFA-Cup-Finale 1977. Als ich merkte, dass das Gespräch noch eine Weile dauern könnte, nahm ich mir einen Stuhl und setzte mich hin. Da es etwas unbequem war, holte ich das Buch und den Rosenkranz aus meiner Hosentasche und legte beides auf den Nachttisch.

Ich konzentrierte mich auf den Fußball, auf das Finale, von dem mir meine Eltern erzählt hatten, als sich plötzlich das Gespräch veränderte. Es kamen persönlichere Themen auf – Familie, Kinder, Eltern, das Leben im Allgemeinen. Er erzählte mir, dass er verheiratet gewesen war, sich aber hatte scheiden lassen und dass er zwei Töchter hatte, mit denen er sich nicht sehr gut verstand. Er hatte sogar einen Enkel, der ein paar Monate alt war und den er nicht kannte. Es schien ihm nichts auszumachen, darüber zu reden, und doch wirkte er traurig. Nach einer Weile zeigte er auf den Rosenkranz, den ich auf den Nachttisch gelegt hatte, und erzählte mir, dass seine Mutter ihn jeden Tag betete und dass sie mit ihm und seinen Schwestern jeden Abend vor dem Schlafengehen ein Ave Maria gebetet hatte. Er habe versucht, diese Tradition von Zeit zu Zeit mit seinen Töchtern fortzusetzen, in den „guten alten Zeiten", als sie alle noch zusammengelebt hatten. Danach kehrten wir zum Fußball zurück.

Er zeigte auf den Rosenkranz und erzählte, dass seine Mutter ihn jeden Tag betete.

Als ich mich verabschiedete, fragte ich ihn, ob ich ihn am nächsten Tag wieder besuchen könne, und er sagte ja. Am folgenden Tag fragte ich ihn, ob er wie früher ein Ave Maria beten wolle, und er war einverstanden. Wir beteten, er mit einigen Schwierigkeiten, dann verabschiedete ich mich und ging.

Am nächsten Morgen ging ich wieder zu seinem Zimmer, er las gerade einige Krankenhauszeitungen. Das erste, was er las, waren die Ergebnisse der Champions League. Ich nahm das Gebetbuch wieder aus der Tasche, um mich zu setzen, und alles, was ihm einfiel, war, dass das Ave Maria ihn teuer zu stehen gekommen sei. Ich war überrascht und fragte ihn, warum es so teuer gewesen sei. Er erklärte, dass er es seit zehn Jahren nicht mehr gebetet habe. Dass er seit zehn Jahren aus der Kirche austreten wollte, dass er immer daran gedacht habe, wenn sein Gehalt kam, aber aus Faulheit, Tradition ... oder er wisse auch nicht, warum er es nie getan habe – und dass er immer noch die Kirchensteuer bezahle. Ich wusste nicht, was ich dazu sagen sollte. Das erste, was mir einfiel, war, dass dank dieses Geldes viele Patienten wie er von der Klinikseelsorge begleitet wurden und sogar das Ave Maria beteten. Er schien mit dieser Antwort zufrieden zu sein, denn er nickte zustimmend mit dem Kopf. Wir sprachen noch ein wenig über seinen Wunsch, seinen Enkel kennenzulernen, und verabschiedeten uns schließlich. Noch am selben Tag wurde er in ein anderes Krankenhaus verlegt.

Ist diese Geschichte etwas Besonderes? Nein, es ist eine Geschichte, die man in Krankenhäusern oft erlebt. Jeder, der schon einmal kranke Menschen begleitet hat, kann das bestätigen und ähnliche Geschichten erzählen.

Wie Kirche ihrer Bestimmung gerecht wird

In einer Gesellschaft wie der unseren, in der sich weniger als die Hälfte der Menschen zum Christentum bekennt, in der eine große Gleichgültigkeit gegenüber religiösen Äußerungen herrscht, in der die Kirche ihre institutionelle Bedeutung verliert, glaube ich, dass eine Möglichkeit, präsent und bedeutsam zu werden, in diesen Kontakten liegt. Sich für konkrete Menschen bedeutsam zu machen, indem man Ana, Michael, Claudia, Manuel … nützlich ist und ihnen nahesteht.

Kirche wird auch dann ihrer Bestimmung gerecht, wenn sie nur für einen einzelnen Menschen da ist.

Kirche denkt oft immer in Groß – wie viele Menschen erreiche ich gleichzeitig? Entscheidend ist aber: Kirche wird auch dann ihrer Bestimmung gerecht, wenn sie nur für einen einzelnen Menschen da ist. Weil er in Not ist. Weil er gerade das braucht, was Kirche kann: da zu sein, auch wenn nicht alles gut ist.

Wie kann man den „Stuhlkreisen für die Ewigkeit“ entkommen? Einfach vor Ort sein – Pfarrbüros dürfen nicht zu Bunkern werden, in denen man sich versteckt und zurückzieht. Vielleicht sollte man sich seinen Terminkalender so einrichten, dass man nicht zu viel Zeit in Sitzungen verbringt. Weil dort die Gefahr am größten ist, dass Kirche sich um sich selbst dreht. Mit immer den gleichen Themen, mit immer den gleichen Ergebnissen.

Wenn Kirche wachsen möchte, dann am besten dort, wo Menschen leben – und auch selbst wachsen. Wir sind gemeinsam im Glauben unterwegs. Wie schön ist es doch, wenn wir uns gegenseitig die frohe Botschaft neu erzählen!

Anmerkungen

1 Statistisches Bundesamt: Mikrozensus – Bevölkerung nach Migrationshintergrund, Erstergebnisse 2022

2 Die Umstände der Begegnung wurden leicht verändert, um die Anonymität zu wahren.

Teil 2: Offenbarungen

Erst wer hinschaut, sieht, was passiert

„Nicht alles, was kirchlich ist, ist vom Heiligen Geist.
Nicht alles, was nicht kirchlich ist, ist gottlos.“

Bernadette Wahl

Spirituell obdachlos

Wenn Menschen ihr Zuhause verlieren

Bernadette Wahl

Beziehungsstatus: Es ist kompliziert

„Mein Verhältnis zur Kirche ist sehr gespannt, ich glaube, ich stand noch nie so kurz vor dem Austritt wie aktuell. Bei mir hat diese extrem-katholische Erziehung, die ich eine Weile genossen habe, schon früh dazu geführt, dass mich das Ganze eher abgestoßen hat. Das hat erst mal nichts mit Glauben an sich zu tun, sondern mit dem Drumherum. Zudem habe ich das Gefühl, dass viele das gar nicht durchdenken oder reflektieren, was sie da in der Kirche beten oder singen. Ich denke da halt immer drüber nach und finde es oft alles sehr negativ formuliert, das stört mich jedes Mal. Und durch die zahllosen Skandale, Missbrauch in den letzten Jahren, die Vertuschungen seitens der Kirche usw. wird alles für mich nur schlimmer. Die Kirche bietet mir gefühlt nichts, womit ich mich identifizieren kann. Das Gedankengut scheint aus einem anderen Jahrhundert, was so viele Bereiche des Lebens angeht, sehr intolerant. Dann kommt noch hinzu, dass ich hier als Frau noch immer hochoffiziell benachteiligt werde. Steuern darf ich allerdings gleichberechtigt bezahlen und wenn da bei der Steuererklärung diese Zahl steht, ärgere ich mich schon extrem. Würde das Geld lieber für einen Urlaub nutzen oder einem guten Zweck spenden. Also du siehst, es ist kompliziert. Aber das bezieht sich, wie gesagt, alles auf die Institution. Wie ich zum Glauben stehe, kann ich gar nicht so leicht beantworten."

Eine Freundin, ich nenne sie hier einfach mal Helena, und ich kennen uns über die Freundschaft unserer Eltern schon seit Kindertagen und haben zusammen Abitur gemacht – auf einer katholischen Privatschule in Fulda. Wir waren und sind nicht eng befreundet, aber über Instagram kriegen wir erfreulicherweise ein bisschen was voneinander mit. Zufällig sind wir beide im Urlaub in England unterwegs und kommen digital ins Gespräch, als ich von dem Musikfestival erzähle, das ich gerade besuche. Ich kann gar nicht sagen, wie viele Gespräche dieser Art ich seit meinem Theologie-Studium und insbesondere als Citypastoral-Referentin geführt habe. Am meisten hat mich an ihrer Nachricht bewegt, wie ehrlich Helena am Schluss sagt, dass sie keine Ahnung hat, wie sie zum Glauben steht.

Die Identifikation mit Kirche fällt schwer. Bei allem ist Glauben meist nicht das wirkliche Problem und klar von der Kirche zu trennen.

Immer wieder spreche ich mit Menschen, die sehr offen und klar diese zwei Sachen kommunizieren: Die Identifikation mit Kirche fällt schwer. Bei allem ist Glauben meist nicht das wirkliche Problem und klar von der Kirche zu trennen. Im Rahmen meiner Arbeit in der Citypastoral und auch in meinem privaten Umfeld treffe ich oft auf diese Menschen, denen ich das folgende Kapitel widmen möchte: Sie alle eint, dass sie sich in der Kirche nicht mehr zu Hause fühlen. Sie machen mich nachdenklich – denn es sind unsere Nachbarn, Freunde, Familie, kurz: Sie gehören zu uns. Ich möchte lernen, warum es diesen so großflächigen Distanzierungsprozess gibt. Sicher gibt es gute Gründe dafür. Deswegen tauchen wir in diesem Kapitel genauer in individuelle und gemeindliche Erfahrungen und Perspektiven ein, die dazu beitragen können, dass

Menschen den Draht verlieren und sich innerlich distanzieren, und stellen am Schluss die Frage, inwiefern diese Erkenntnisse Konsequenzen auf das kirchliche Handeln und Denken haben.

Bevor es losgeht: Ja, es gibt Menschen, die sich aus freien Stücken und sehr bewusst gegen Gott, Glauben, Kirche, christliche Werte oder Religion entscheiden – um sie geht es hier nicht primär. In diesem Kapitel werden speziell diejenigen Menschen in den Blick genommen, die spirituell interessiert und vielleicht sogar suchend sind, die aber mit der Entwicklung der Kirche hadern, sich nicht mehr zu Hause fühlen und sich fragen, wie sie damit umgehen sollen. Ich glaube, es ist nicht verwunderlich, dass ein Kapitel, das über Verlust, Distanzierung, Austritt und „Obdachlosigkeit" spricht, hauptsächlich negative Erfahrungen schildert. Denn sie sind es, die Fremdheit in den Menschen auslösen. Das bedeutet aber nicht, dass es keine positiven Erfahrungen gibt – im Gegenteil. Vielleicht hören Sie an einigen Stellen dieses Kapitels auch eine leichte Bitterkeit heraus, die den einen oder anderen irritieren oder im schlechtesten Fall stören wird. Andere werden vielleicht dankbar sein darüber, dass eine Frau Mitte 30, die selbst in der Kirche groß geworden ist und bis heute in ihr arbeitet, etwas ausspricht, was einige ähnlich erfahren. Ja, solche Prozesse tun weh. Sie machen an vielen Stellen ohnmächtig, wütend, bitter und überfordern. Bitte lesen Sie die folgenden Geschichten als Sehhilfe. Nehmen Sie daraus für sich persönlich mit, was Sie gebrauchen können!

Menschen im Blick, die spirituell interessiert sind, aber mit der Entwicklung der Kirche hadern, sich nicht mehr zu Hause fühlen.

Bernadette Wahl

Handschriftliche Notiz der Empörung zum Kirchenaustritt

Nach dieser Notiz hatte meine Freundin keinen Zweifel mehr an ihrer Entscheidung und auch keine Lust auf ein Gespräch.

Eine Freundin von mir hat sich entschieden, aus der Kirche auszutreten. Sie hatte es schon öfter angedeutet. Obwohl ihre Mutter sehr aktiv in der lokalen Kirchengemeinde engagiert ist, hatte sie sich nie damit identifizieren können. Sie war dort mit so vielen Haltungen und Werten konfrontiert, mit denen sie innerlich einfach nichts anfangen konnte oder über die sie wütend wurde. Ich hatte den Eindruck: Es ist bei ihr dran. Es ist authentisch. Es ist ihre Freiheit. Als sie sich offiziell „abgemeldet“ hatte, kam irgendwann der Brief der lokalen Kirchengemeinde, der dann standardisiert rausgeschickt wird mit Sätzen wie: „wir bedauern Ihre Entscheidung“, „wir sind bereit für ein Gespräch“ und „wir weisen Sie auf die Konsequenzen hin“. Auf der unteren Seite des Briefs findet meine Freundin darüber hinaus eine handgeschriebene Notiz – offensichtlich vom zuständigen Pfarrer. Er fragt sich, ob denn ihre Mutter, die in der Gemeinde sehr engagiert ist, von der Entscheidung wüsste. Die wäre bestimmt sehr enttäuscht von dieser plötzlichen und gravierenden Entscheidung. Er würde zu Gesprächen zur Verfügung stehen. Ich glaube, nach dieser Notiz hatte meine Freundin keinen Zweifel mehr an ihrer Entscheidung und auch keine Lust auf ein Gespräch.

Die Entscheidung, aus der Kirche auszutreten, fällt Menschen unterschiedlich leicht und hängt von einigen Faktoren ab. Eins ist klar: Wer einmal eng zum „inner circle“ der Kirchengemeinde gehört hat oder dessen Familie eng mit der Kirche verbunden ist, dem wird der Schritt sichtlich schwerer fallen. Denn für sie ist es ein aktiver

Lifestyle-Change. Familiäre religiöse Gewohnheiten und Rituale, Gottesdienstbesuche und andere Angebote, sei es nur zu Weihnachten oder einem besonderen Anlass, werden spätestens mit dem Austritt nicht mehr wahrgenommen. In diesen Fällen ist das persönliche Umfeld oft auch in der Kirche engagiert und sicher betroffen von der Entscheidung, auszutreten. Für Menschen, die Kirche insbesondere aus den Medien kennen, verhält es sich anders. Sie kennen keine Personen persönlich, die aktiv in der Kirche leben. Kirchenmitgliedschaft zeigt sich für sie lediglich durch den Eintrag der Kirchensteuer auf ihrer Gehaltsabrechnung. Vielleicht gibt es auch noch Fotos von einer Taufe, an die sie sich nicht erinnern können. Sie müssen mit dem Kirchenaustritt in ihrer Familie und bei Freunden nicht mit komplizierten Gesprächen und Diskussionen rechnen und müssen nicht darüber nachdenken, wie sie ab sofort Weihnachten und Ostern mit der Sippschaft ohne Gottesdienst feiern können. Und trotzdem positionieren sie sich klar.

> **Immer mehr Menschen befinden sich aktiv im Distanzierungsprozess und erfahren flächendeckend keine spirituelle Heimat mehr.**

Die Statistiken sind eindeutig: Immer mehr Menschen treten aus der Kirche aus. Ich führe hier bewusst keine Zahlen auf. Denn eins haben all diese Übersichten und Prognosen für die Kirche gemeinsam: Es ist höchste Zeit für die Kirche, sich aktiv damit zu beschäftigen. Und es scheint erst loszugehen. Immer mehr Menschen – vor allem auch solche, die schon einmal beheimatet waren – befinden sich aktiv im Distanzierungsprozess und erfahren flächendeckend keine spirituelle Heimat mehr. Das passiert auch, während Sie gerade unser Buch in der Hand halten.

„Wie können Menschen nur austreten?" – so höre ich immer mal wieder Reaktionen in meinem kirchlichen

Umfeld zu Austritten. Die Empörung ist groß. Ein weiterer Satz, den ich in dem Bereich regelmäßig höre: „Wer unzufrieden mit der Kirche ist, ist selbst schuld und hätte sich ja einbringen können." Solche Sätze sagen mehr über den Menschen aus, der sich empört oder Schuld zuweist als über die betroffenen Menschen selbst. Sie machen ein weiteres Mal deutlich: Wir sind als Kirche zu oft in unseren Traditionen und unserer eigenen Prägung verhaftet, als dass wir die Offenheit mitbringen, genau diese Perspektive zu verlassen und wirklich interessiert zuzuhören. Verständnis und Neugier statt Empörung kann zum Beispiel so aussehen: „Was hat Person X wohl erfahren, dass sie entschieden hat, auszutreten?" oder „Welche Dinge können wir besser machen, damit Person X sich wohler fühlen könnte?".

Genau diesen Fragen will dieses Kapitel folgen. Was ist da los? Wie kommt es, dass sich immer mehr Menschen innerlich von der Kirche distanzieren? Welche Punkte und Erfahrungen sind es, die für innere Distanz sorgen können? Es gibt so viele verschiedene Motive und Erfahrungen, die zu einem (innerlichen) Austritt führen können. Das Kapitel stellt einen Distanzierungsprozess in mehreren Schritten dar und versucht dabei, die oft verborgenen Chancen und Potentiale zu beleuchten. Lassen Sie uns einige ausgewählte Situationen anschauen, die Menschen dazu bewegen, sich fremd zu fühlen.

Wie kommt es, dass sich immer mehr Menschen innerlich von der Kirche distanzieren?

Muster aufbrechen: Fremdheit im Vertrauten

Ich bin mit 18 von zu Hause ausgezogen. Für meine beiden Studienabschlüsse in Religionspädagogik und Theologie habe ich in drei Städten gelebt. An jedem neuen Ort hat es mindestens ein Jahr gedauert, bis ich „mein Leben“ jeweils neu gefunden hatte. Neue Freunde, neue Wege, neue Universität, neuer Supermarkt, neuer Friseur, neue Ärzte und eine neue Kirchengemeinde? „Natürlich gehe ich am Wochenende in den Gottesdienst“ – am Anfang war ich es nicht gewohnt, eine persönliche Entscheidung zu treffen, sondern habe meine bekannten Muster weitergelebt. Wenn man sich ummeldet, bekommt die territorial zuständige Kirchengemeinde die Information, dass ich zugezogen bin. Manchmal habe ich einen Willkommensbrief bekommen. Manchmal war der Kirchgeldbescheid schneller, was sehr ungünstig ist. Manchmal habe ich bis zum Umzug in die nächste Stadt immer noch keine Ahnung gehabt, welche Kirchengemeinde denn nun „meine zuständige“ sein sollte.

Manchmal hatte ich bis zum nächsten Umzug immer noch keine Ahnung, welche Kirchengemeinde für mich zuständig ist.

Es war immer wieder komisch für mich, wenn beispielsweise der Fronleichnamsgottesdienst in meiner neuen Umgebung nach anderen Regeln lief als die, die ich von zu Hause kannte. Und als ich neben dem Studium anfing, in einer Gemeinde als pastorale Mitarbeiterin zu arbeiten, wurde ich direkt in einen Predigtplan eingeteilt. Ich wusste zuerst nicht, was das sein soll. Aus Fulda war mir nicht bekannt, dass Laien predigen dürfen.

Umzüge sind offensichtlich eine spannende Entwicklungszeit. Noch intensivere Musterunterbrechungen und „Horizont-Erweiterer“ sind Auslandsaufenthalte – das habe ich in Tansania, Mexiko und Italien erleben dürfen. Doch am einschneidendsten bleibt der Auszug vom Elternhaus: Zum ersten Mal allein dafür verantwortlich zu sein, wann und ob ich an einem Samstag aufstehe, wie sauber ich mein Zimmer, Bad und Küche halten möchte und eben auch ob, und wenn ja, wo ich in die Kirche gehen möchte. Alles ist erlaubt. Niemand beurteilt. Niemand ist enttäuscht von mir oder stolz auf mich. Alles, was in dieser Zeit getan wird, ist sehr echt. Es ist ungebunden von sozialen Zwängen und unabhängig von Gewohnheiten. Mich wundert es nicht, dass die Austrittszahlen in der Zeit nach einem Umzug oder Auszug aus dem Herkunftssystem außergewöhnlich hoch sind. Ein Umzug gibt Anlass, zu prüfen, wie es um die Glaubenspraxis eigentlich steht. Es kann verschiedene solcher Anlässe geben, den bewussten Prozess zur innerlichen Distanz beginnen können.

Mich wundert es nicht, dass die Austrittszahlen nach einem Umzug oder Auszug aus dem Herkunftssystem außergewöhnlich hoch sind.

Wir können festhalten: Wie in jedem Entwicklungsprozess geht es beim Stellen von Fragen los. Es ist super, wenn Menschen die Bedeutung ihres persönlichen Glaubens reflektieren. Ein authentischer und tragfähiger Glaube darf und muss immer wieder auf den Prüfstand gestellt werden. Ein Umzug (vor allem aus der Herkunftssituation) kann diese Frage auf besondere Weise aufwerfen und ist eine große Chance.

Fremdheitsmomente im Gottesdienst

Ich habe in den vier Jahren in der Schülerseelsorge eine Fähigkeit lernen können, die bis heute Gold wert ist: Ich sehe Menschen recht schnell an, wann sie innerlich aussteigen oder etwas nicht verstanden haben. An einem normalen Sonntag in der heiligen Messe habe ich daher auch die Blicke meiner Freundinnen, die mit mir dort waren, direkt einordnen können. Meine Diagnose: komplett innerlich ausgestiegen. Im Anschluss an den Gottesdienst fragte ich die beiden sehr direkt: „Und, wann wart ihr raus?“ Ich fand es bemerkenswert, dass beide einen konkreten Moment identifizieren konnten, an dem sie „keine Lust mehr hatten, zuzuhören“. Bei der ersten Freundin war es ein lateinischer Satz, den der Prediger für so einfach hielt, dass er ihn nicht extra übersetzt hatte. Sie konnte ihn aber leider nicht einfach so übersetzen. Darüber war sie so nachdenklich geworden, dass sie dem Rest der Predigt nicht folgen konnte. Die andere Freundin rätselte an der Bezeichnung „der zweite Bund“ im Kontext der biblischen Lesungen. Was war das noch mal? Musste sie das wissen? Warum ist das grade wichtig? Den beiden tat es offensichtlich gut, sich darüber auszutauschen, denn sie sahen traurig aus und waren es auch. Auch, wenn sie mit den Liedern, Weihrauch und der Tradition groß geworden seien, würden sie sich immer fremder fühlen in der großen alten Kirche. Meine beiden Freundinnen wären dankbar darum, für ihre aktuelle Lebenssituation und die anstehenden wichtigen Entscheidungen in der Berufswahl geistliche Deutungen und Ermutigung für den Weg mit Gott zu finden.

Viele meiner Freunde und Bekannten haben mir davon erzählt, dass irgendwann der eine Gottesdienst da war, der anders war als die davor. Manchen passiert das beim ersten Umzug – vielen wohl früher und manchen auch noch in ihren 60ern oder 80ern. Das Gefühl der Fremdheit im so vertrauten Umfeld. „Ich gehöre nicht mehr hierher.“ – Ich kann es nachvollziehen. Sobald ich meinen Glauben bewusst leben möchte, ihn ernster nehme und anfange, meine Erfahrungen kritisch zu reflektieren, erhöht sich die Gefahr, mich innerlich zu distanzieren. Jeder Gottesdienst, jede Sprachformel, jeder Brief, jede Gewohnheit, jedes Verhalten eines

> **Sobald ich meinen Glauben bewusst leben möchte und anfange, kritisch zu reflektieren, erhöht sich die Gefahr, mich innerlich zu distanzieren.**

Priesters und der anderen Gläubigen, jede Pressemitteilung des Bistums, der Deutschen Bischöfe und des Vatikans wird dann genau beobachtet. Es geht nicht so sehr darum, aktiv Fehler zu suchen. Es geht darum, zu prüfen, ob das, was einmal stimmig geklungen hat, immer noch stimmig ist. Ich halte das für einen sehr gesunden und wichtigen Prozess. Nicht umsonst werden die Christinnen und Christen in der Osternacht jährlich gefragt, ihren Glauben erneut zu bekennen. Und es ist schön, das jährlich miteinander zu erleben.

Es geht darum, zu prüfen, ob das, was einmal stimmig geklungen hat, immer noch stimmig ist.

Vertraute Muster werden in Veränderungssituationen aufgebrochen und überprüft. Manchmal ergeben sich Fremdheitsmomente im Kleinen wie im Großen. Lassen Sie uns noch eine weitere klassische Gemeinde-Situation anschauen, die reflektiert, wie Gemeinde sich wohl für Außenstehende anfühlen muss.

Im Mittelpunkt: die Gemeinde

Durch Zufall bin ich in einer heiligen Messe in einer Pfarrei, die ich nur wenig kenne. Das besondere Highlight an diesem Tag ist die Vorstellung der Erstkommunionkinder. Der gesamte Gottesdienst ist von der Gemeindereferentin durchdesignt zum Thema „Mit Jesus in einem Boot". Die künftigen Kommunionkinder eröffnen den Gottesdienst durch ein Rollenspiel zum Thema, lesen selbstentwickelte Fürbitten und performen das obligatorische Kinderlied mit Bewegungen. Alle Gemeinde-Insider sind happy. Endlich sieht man die Erstkommunionkinder mal, kann die Namen anschauen und freut sich am Kindergesang. Ich bin sehr aufmerksam, denn man sieht den Kindern an, wie sie das alles finden. Ein paar Kids genießen das Tamtam und freuen sich von Herzen über Musik und Beteiligung. Andere sehen schüchtern und überfordert aus. Gestresst und unsicher sieht auch so mache Familie aus, die damit beschäftigt ist, herauszufinden, wann man sich hinkniet und wann aufsteht.

Wir sprechen in der Pastoral so oft von einer gastfreundlichen Kirche. Ich frage mich: Wurde in dieser Szene nicht etwas verwechselt? Wir haben hier zum Teil Menschen vor uns, die unsere Gemeinde noch nicht kennen – vielleicht sind sie zum ersten Mal in diesem Gottesdienst. Wäre es nicht angemessener, sich als Gemeinde den neuen Familien vorzustellen statt andersrum? Wenn „die Neuen" erfahren könnten, was die Gemeinde ausmacht und wie sie tickt? Dass sie einschätzen können, wo sie da gelandet sind und mit welchen Leuten ihre Kinder in der anstehenden Zeit viel zu tun haben werden? Zum Ankommen ist es oft hilfreich, wenn man Zeit und Raum bekommt und sich entspannen kann, wenn man mit wenig Druck Leute kennenlernen kann und vor allem mit großem Wohlwollen und Fehlerfreundlichkeit die Spielregeln lernen darf. Stattdessen müssen direkt Kinder etwas leisten, singen und lesen und alle werden beobachtet. Im Mittelpunkt steht die Gemeinde und ihr Wohl. Im „Gemeindezentrismus" existieren einige soziale Erwartungen. „Was könnten denn die anderen sagen, wenn wir nicht dabei sind" – ist ein Gedanke, der viele Menschen dazu bringt, in die Kirche zu gehen. Ich frage mich: Ist es nicht Sinn und Ziel von Gemeinde, Menschen auf ihrem je eigenen Weg mit Gott zu unterstützen und sie auszurüsten mit all dem, was sie für die Bewältigung ihres Lebens brauchen? Mir wäre es lieber, wenn es mehr um Menschen

Ist es nicht Sinn und Ziel von Gemeinde, Menschen auf ihrem je eigenen Weg mit Gott zu unterstützen?

und ihre Gottesbeziehung und weniger um die Erhaltung des „Status quo“ der Gemeinde ginge.

Ein Zwischenfazit: Wir haben schon drei von fünf Schritten geschafft: Am Anfang steht der Wunsch, den eigenen Glauben bewusst und reflektiert zu leben. Daher werden alle kirchlichen Erfahrungen geprüft und auf die eigene Stimmigkeit hinterfragt. Eine schlechte Erfahrung allein ist kein ausreichender Grund für einen Kirchenaustritt. Wenn mehrere Erfahrungen jedoch eine negative Linie deutlich machen, wird es für Menschen, die sich im Prüf-Modus befinden, schwierig.

Doch es geht noch weiter: Was passiert, wenn jemand Konsequenzen aus dieser Erfahrung ziehen möchte? Jetzt geht es darum, sich auf der Grundlage der persönlichen Erfahrungen mit der eigenen Haltung über die Zugehörigkeit zur Kirche zu beschäftigen. Es kann sehr anstrengend sein, Kirche immer wieder neue Chancen zu geben und zu hoffen, dass es besser wird. Immer gibt es auch gute Erfahrungen, einen Menschen, dem man abgenommen hat, dass er oder sie verwurzelt ist im Glauben, den man vielleicht für sein Vertrauen bewundert. Klingt ein bisschen nach einer „On-off Beziehung“ – anstrengend.

Es kann sehr anstrengend sein, Kirche immer wieder neue Chancen zu geben und zu hoffen, dass es besser wird.

Was wünschen Sie sich von der Kirche?

„Was erbitten Sie von der Kirche?“ fragt der Priester die Taufeltern zu Beginn der Tauffeier. Was für eine tolle Frage! Ja, was brauchen Menschen eigentlich von der Kirche?

Vielleicht könnten die Taufeltern recht ehrlich und konkret antworten, dass …
… wir hier Heimat für unseren Glauben finden können
… unser Kind sich hier wohlfühlt
… unser Glauben hier wachsen und reifen kann
… unsere Anliegen hier ernst genommen werden
… die Kirche ein sicherer Ort für unser Kind ist
… wir hier sein können, wie wir sind
… und dass der Kaffee gut schmeckt.

An dieser Stelle in der Tauffeier geht es aber nicht darum, eine offene und spontane Antwort zu geben. Es ist eine vorgegebene Antwort, die eine Vorgeschichte hat. Wir spulen ein paar Monate zurück: „Können wir das wirklich verantworten?“ – Ein mit mir befreundetes Paar spricht gerade darüber, ob sie ihr Neugeborenes taufen lassen wollen oder nicht. Es ist eine klassische Dilemma-Situation. Alle möglichen Alternativen sind unangenehm: Entweder authentisch zu sein und mit der Familie zu diskutieren oder unauthentisch zu sein und die Familie glücklich zu machen. Kirche ist seit Jahren immer wieder Thema zwischen den beiden. Er ist seit seiner Konfirmation sicher, dass er mit der Kirche nichts mehr zu tun haben möchte. Sie ist super katholisch sozialisiert aufgewachsen. Einer ihrer Onkel ist sogar Priester. Mittlerweile ist sie katholische Religionslehrerin im Nebenfach. Das stellt sie vor große Herausforderungen. Über Jahre hinweg war sie im kritisch-prüfenden Modus – und hat mittlerweile keine Lust mehr. Das Kind wird in dem Fall trotzdem getauft. Die Tauffeier wird für die jungen Eltern trotz der netten Art des Pfarrers und den schönen Liedern die vorerst letzte liturgische Feier ihres Lebens sein.

„Können wir das wirklich verantworten?“

Wahrscheinlich stecken ziemlich viele Menschen gerade in diesem komplizierten „Dazwischen". Es ist unangenehm, dem Bischof bei der Firmung erzählen zu müssen, dass man an Gott glaubt, obwohl die Firmvorbereitung dazu beigetragen hat, über einen Austritt nachzudenken. Es ist unangenehm, die Erstkommunionvorbereitung als Elternteil mitzumachen, wenn man innerlich nicht dahintersteht. Es ist unangenehm, als Religionslehrerin und Religionslehrer unterrichten zu müssen, wenn man selbst viele Fragen hat. Für Menschen, die innerlich schon bewusst distanziert sind und mit dem Gedanken spielen, auszutreten, sind religiöse Feiern und Gebete eine herausfordernde Erfahrung. Mich bewegt das. Und ich verstehe es. Die Zahlen sagen, dass es täglich mehr werden, die in diesem komplizierten „Dazwischen" stecken.

> **Für Menschen, die innerlich schon bewusst distanziert sind, sind religiöse Feiern und Gebete eine herausfordernde Erfahrung.**

Die vorangeschrittene und sich stabilisierende Distanzierung von der Kirche öffentlicher zu machen und mit Familie und Freunden darüber zu sprechen, stelle ich mir ähnlich vor wie ein Outing. Es ist ein verletzlicher und auch intimer Moment, mit dem nicht alle sanft umgehen. Gerade wenn die eigenen Eltern im Glauben und in der Kirche verwurzelt sind, kann sich der Austritt des eigenen Kindes schmerzhaft anfühlen. Lassen Sie uns im nächsten Schritt anschauen, was bei einem konkreten Kirchenaustritt passieren kann.

Befreiende Klarheit – so oder so

„Ich habe mir zum Geburtstag meinen Kirchenaustritt geschenkt und es geht mir so gut!" – Meine sichtlich erleichterte Freundin ist am Telefon ganz aufgeregt. Sie hat den

Schritt gewagt, den sie über Jahre hinweg in sich abgewogen hatte. Heute ist sie nicht nur innerlich, sondern auch äußerlich klar: nicht mehr katholisch. Ich kann das, obwohl ich katholische Theologin bin und für die Kirche arbeite, sehr gut verstehen. Denn es geht meiner Freundin nicht so sehr darum, die Kirche schlechtzumachen, sondern vor allem um ihre persönliche Integrität. Die Zeit ihres blinden Vertrauens ist vorbei – und das ist gut so. Sie unterstützt jetzt nicht mehr die Institution, der sie in so vielen Ansichten widerspricht und die sie über Jahre hinweg als anstrengend und leider sogar als schädlich erfahren hat. Sie ist „endlich davon frei, falsch repräsentiert zu werden, wenn die Kirche wieder was sagt, was ich so nicht denke." Für sie ist es ein Gefühl von Befreiung und Erleichterung durch die Übernahme von Selbstverantwortung und eigener Deutungshoheit. Das ist verständlich, denn der Prozess vom ersten Fremdheitsgefühl oder einer negativen Erfahrung über eine lange Zeit des inneren Ringens und Prüfens bis zum Austritt ist für die Betroffenen oft nicht leicht. Sie will sich ab jetzt neu konzentrieren auf ihre Werte und Glaubenssätze. Sie sagt bis heute: „Mein Glauben ist mir nicht egal, und deswegen musste ich gehen." Und: Nein, auch sie bewertet den Austritt nicht als rein positiv. Sie ist selbst ehrlicherweise traurig über ihren Austritt. Denn Werte und Glauben sind ihr immer noch wichtig und ein gutes Leben immer noch ihr Ziel. Sie hat nur immer noch keine passende Form dafür – in oder außerhalb der Kirche.

„Mein Glauben ist mir nicht egal, und deswegen musste ich gehen."

Ich erlebe es in Gesprächen häufig: Ein Kirchenaustritt steht für die innere Distanzierung, als Abfall vom Glauben, als Bruch mit der kirchlichen Herkunft und womöglich dem Übergang zu anderen Werten und Haltungen.

Wenn ich länger darüber nachdenke, ist es eine komische Vorstellung: Als ob Menschen mit dem bürokratischen Akt des Kirchenaustritts plötzlich magisch zu Atheisten würden. Im Gegenteil: Ein Kirchenaustritt macht nicht spirituell taub.

Die Zeit der Prüfung und des Hinterfragens ist mit der Entscheidung zum Austritt vorbei und damit – so die Hoffnung – auch die ständige Konfrontation mit dem Thema Kirche. Aber auch die Zeit einiger positiver Erfahrungen, die sie ursprünglich auch zu Christinnen und Christen gemacht haben. Viele nehmen bei einem Austritt in Kauf, dass sie auch einige liebgewonnene Traditionen und Erfahrungen verabschieden müssen, die vielleicht auf ihrem Lebensweg prägend waren. Vielleicht könnte man sagen: Ein Kirchenaustritt kann ein echter Neuanfang sein. Neuanfänge sind geprägt von Orientierung, Loslassen, Neugier, Träumen und Veränderung. Doch der Kirchenaustritt ist nur eine Reaktionsmöglichkeit auf die innere Distanz. Lassen Sie uns noch einen Blick auf diejenigen werfen, die sich trotz aller Entfremdung dafür entscheiden, in der Kirche zu bleiben.

Ein Kirchenaustritt macht nicht spirituell taub.

Soll ich's wirklich machen oder lass ich's lieber sein?

Fernstehende würden es wahrscheinlich verrückt, sinnlos oder absurd nennen: Nicht jeder Mensch entscheidet sich nach dem inneren Entfremdungsprozess für einen Austritt aus der Kirche. Es gibt viele Menschen, die weiterhin an Gott, Jesus, die Auferstehung und ja, auch an die Kirche glauben. Sie verbindet ein großes Leiden an der aktuellen Verfasstheit der Kirche, in der sie kein Zuhause mehr finden können. Sie sind mindestens traurig, manchmal bitter – oft bestimmt wütend. Denn sie glauben nicht mehr oder weniger, wie auch ihre christlichen Geschwister, an einen Gott, der ihr Denken übersteigt, an die Auferstehung und an den Heiligen Geist, der in ihnen wirkt, und an die Sakramente. Sie wollen ihr Leben vom Evangelium inspiriert leben und finden in ihrer eigenen Kirche nur wenige Orte, wo sie das auf eine ihnen angemessene Weise tun können. Die Entscheidung dieser Menschen, in der Kirche zu bleiben, bedeutet einen ständigen Spagat zwischen der persönlichen Gottesbeziehung und der Erfahrung, sich in der Kirche fremd zu fühlen.

„Wenn Menschen wie ich nicht bleiben, wird es nicht besser“, könnte so jemand sagen. Oder: „Ich lasse mir meinen Glauben nicht wegnehmen.“ Die Gründe für ihr Bleiben sind vielfältig und oft sehr persönlich. Am schwierigsten ist die innere Entfremdung von der Kirche wohl für kirchliche Mitarbeiterinnen und Mitarbeiter. Sie hatten es sich zur Berufung gemacht, für den Glauben einzustehen und haben viel biografisch investiert. Ein solcher Prozess kann über Jahrzehnte laufen und nicht wenige bearbeiten diese Themen mithilfe von Therapeuten. Denn es ist in dieser Situation besonders wichtig, eine neue Haltung und einen bewussten Umgang mit dem Thema Kirche zu entwickeln.

Es gibt viele Menschen, die sich innerlich vom kirchlichen Leben verabschiedet oder zumindest distanziert haben – und trotzdem bleiben.

Ich weiß: Es gibt viele Menschen, die sich innerlich vom kirchlichen Leben verabschiedet oder zumindest distanziert haben – und trotzdem bleiben. Ich habe großen Respekt vor allen, die diesen Weg gehen und sich der Herausforderung stellen, konstruktiv an der Entwicklung der Kirche zu arbeiten.

Wir haben uns in diesem Kapitel genauer angesehen, wie die Prozesse der inneren Entfremdung zur Kirche verlaufen könnten und welche Konsequenzen durch eine erste einfache Musteraufbrechung und durch den Wunsch, Glauben bewusster zu leben, entstehen könnten. Innere Distanz, Fremdheitsmomente und das Ringen um die eigene Zugehörigkeit zur Kirche sind aufreibende und anstrengende persönliche Entwicklungen, die uns existenziell betreffen. Wir haben auch gesehen, dass ein Kirchenaustritt nicht in jedem Fall bedeutet, dass Menschen mit Gott abgeschlossen haben und ihren „Glauben verlieren“. Ganz im Gegenteil kann es sein, dass ein Austritt ein befreiender Schritt und Ausdruck spiritueller Mündigkeit ist. Es gibt aber auch Menschen, die sich trotz ihrer inneren Entfremdung aus einer spirituellen Haltung heraus entscheiden, zu bleiben. Beide Wege fasse ich in einem Begriff zusammen: spirituelle Obdachlosigkeit. Im 14. Kapitel des Johannesevangeliums spricht Jesus: „Im Haus meines Vaters gibt es viele Wohnungen.“ Fakt ist, dass eine rasant wachsende Zahl an Menschen keine Heimat in der Kirche findet. Gerade Menschen, die nicht leichtfertig aus der Kirche austreten, weil sie ihnen etwas bedeutet, können wertvolle Impulse liefern, die Kirche so sehr braucht. Vielleicht haben Sie sich gefragt, ob dieses Kapitel das Ziel hat, Werbung für einen Kirchenaustritt zu machen. Nein, dem ist nicht so. Sondern ich werbe dafür, ein Herz für diese spirituell obdachlosen Menschen zu entwickeln.

Ich werbe dafür, ein Herz für diese spirituell obdachlosen Menschen zu entwickeln.

Es ist unsere Aufgabe als Christinnen und Christen, verantwortungsbewusst, achtsam und rücksichtsvoll mit dem Wissen um ihre Herausforderungen umzugehen.

Gott ist größer, als ich denke

Er kommt nicht erst, wenn ich ihn rufe

Simone Twents

Gott im Jazzkonzert

„Kann Gott auch in einem Jazzkonzert wirken? Oder braucht er dafür Bildungsveranstaltungen kirchlicher Träger?" – Diese Frage hat mich beschäftigt, als ich neu in der Citypastoral im wunderschönen Maxhaus in Düsseldorf angefangen habe. Ich war mir tatsächlich unsicher, ob ich dort eine Jazzreihe anfangen sollte. Aber Düsseldorf war nun mal eine Jazzstadt, also probierte ich es einfach aus. Die ungewöhnliche Kombination von Jazz und dem Ambiente eines ehemaligen Klosters hat die Menschen begeistert. Ich selbst allerdings hatte immer einen inhaltlichen Vorbehalt: Meine Erwartungen als Theologin zweifelten an, ob ein Jazzkonzert inhaltlich genug sei. Wobei ich unbewusst Inhalt mit Wort und Text gleichsetzte. – Bis auf einmal zwei Ereignisse am selben Tag zusammentrafen:

Morgens war eine Sitzung mit Vertretern verschiedener katholischer Bildungswerke zum Thema 50 Jahre Zweites Vatikanisches Konzil. Wir wollten dazu eine Veranstaltungsreihe anbieten und ich dachte: „Endlich mal wieder etwas Inhaltliches!" Die Sitzung entpuppte sich dann aber als eine „Guckt mal, was wir alles Tolles machen"-Sitzung, bei der jeder Vertreter nur mit seinem Wissen und seinen Errungenschaften protzte. Eine dieser Sitzungen, bei der jeder nur um sich selbst kreiste, aber nichts Produktives herauskam. Es ist nichts wirklich Gemeinsames entstanden.

Am Abend hatte ich ein Jazzkonzert zu moderieren und als Veranstalterin zu begleiten. Beim Jazz geht es viel um Improvisation eines musikalischen Grundthemas. Wenn der Schlagzeuger einen Lauf hatte, haben der Bassist und der Pianist abgedämpft und die Improvisation des Schlagzeugs unterstützt. Es war ganz viel Sensibilität und Resonanz im Raum. In der Improvisation des Trios entstand etwas Neues. Es war mehr als die Summe der Einzelleistungen. Es entstand etwas, das keiner „machen" konnte, das nur gemeinsam entstehen kann. Diese Atmosphäre ging auf das Publikum über. Während des Konzertes stand vor der Tür unseres Hauses Herr Hamid und verkaufte Obdachlosenzeitungen. Zu Beginn des zweiten Konzertteils sagte der Pianist zum Publikum: „Vor der Tür steht ein netter Herr und verkauft eine wertvolle Zeitung. Sie wissen alle, wofür das ist, und ich freue mich, wenn Sie beim Rausgehen eine Zeitung kaufen." Ganz selbstverständlich. – Als ich dann am Abend auf der Bettkante meinen Tag Revue passieren ließ, fragte ich mich: „Wo ist heute eigentlich mehr Evangelium passiert? Am Vormittag oder am Abend?" – Für mich war die Antwort klar: am Abend. Viel mehr Demut, viel mehr Inspiration, viel mehr Haltung.

Das Konzert war mehr als die Summe der Einzelleistungen. Es entstand etwas, das keiner „machen" konnte.

Gott hat keine Lust auf meine Schablonen

Das war eine Schlüsselerfahrung für mich. Mir wurde klar: Gott ist so viel größer als meine kleinen vorherberechneten Formen, in denen ich ihn erwarte. Ihm stehen unendliche Möglichkeiten zur Verfügung. Er ist ein unendlicher Schöpfer immer neuen Lebens. Ich habe mich geschämt, dass ich so klein von Gott gedacht hatte. Dass ich seine große, vielfältige Welt und die Möglichkeiten, die ihm darin zur Verfügung stehen, so reduziert wahrgenommen hatte.

Wenn ich in meinen Jahren in der Citypastoral eines gelernt habe, dann dieses: Gott ist nicht auf meine reduzierte Vorstellung von ihm angewiesen.

Kirche handelt in unseren Breitengraden sehr strukturorientiert, fast schon strukturversessen. Entscheidungen gehen selten ins Risiko für Neues, sondern warten ab, ob sich etwas bewährt, und investieren dann erst. Prozesse dauern unheimlich lang. Es gibt einen gigantischen Verwaltungsapparat. Der Wunsch nach Planungen ist riesengroß in der Kirche. Alles muss protokolliert werden. Bei mir sind allein im letzten Jahr 120 Protokolle und 280 Sitzungen angefallen.

Gott ist so viel größer als meine kleinen vorherberechneten Formen, in denen ich ihn erwarte.

Ich selbst bin ja auch in diesem System, ich habe es auch gern protokolliert und geplant. Aber trotzdem blutet mir das Herz, weil ich denke: Gott ist so viel größer. Wir wollen ihn irgendwie sichern. Aus bester Absicht. Aber das Komische ist: Das ganze Sichern befreit uns nicht für einen großen Gott, sondern wir denken ihn kleiner und kleiner. Ich habe Angst, dass die Kirche die Lebendigkeit verpasst, die Gott uns schenkt.

Wie können wir als Kirche wieder so befreit handeln, dass wir Gott nicht klein machen, sondern uns von seiner Größe begeistern lassen?

Was würde es bedeuten, wenn Kirche so handelt, dass es einem großen Gott entspricht?

Wir stecken als kirchlich Handelnde oft in einer Art Zaghaftigkeitsfalle fest. „Hilfe, alles wird weniger!" – Ich kenne das. Ich spüre auch diese Spannung. Besonders seit ich in einer Bistumszentrale arbeite, brauche ich mehr Energie, um mich davon nicht erdrücken zu lassen. Ich möchte diesem Gefühl nicht mehr Raum geben, als ihm zusteht. Denn ich bin nicht für Kirchenrettung da, sondern für einen großen Gott. Es geht nicht um das Aufrechterhalten von Geld, Personen und Strukturen, sondern darum, einem lebendigen Gott zu dienen, der alle Möglichkeiten hat.

Ich bin nicht für Kirchenrettung da, sondern für einen großen Gott.

Bei unserer Multiplikatoren-Ausbildung für pastorale Innovation sagte ein Teilnehmender am Ende: „Ich war überrascht, wie explizit wir hier von Gott gesprochen haben. Ich merke an mir selbst, dass ich oft herumeiere und mich nicht richtig traue. Aber das explizite Von-Gott-Sprechen hat mich ermutigt. Ich will das auch in meiner Arbeit vor Ort künftig stärker tun."

Und eine Jugendliche sagte auf der Rückkehr vom Weltjugendtag ganz überrascht: „Das hier war nicht der kleine Gott aus der Kirche zu Hause, sondern der große Gott der ganzen Welt."

Wenn ich meine, mit meinen kirchlichen Mitteln alles über Gott zu wissen, mache ich ihn klein. Gott muss nicht durch die engen Röhrchen pusten, die ich ihm hinhalte. Er ist vital wie eh und je. Er berührt auch heute Menschen. Gott ist inmitten unserer säkularen Postmoderne lebendig da. Er ist ein Spezialist für Vielfalt und bewegt sich darin. Zwischen Himmel und Erde geschieht viel mehr, als wir ahnen. Gott hat daher oft keine Lust auf meine Schubladen. Er nimmt sich das Recht heraus, neben meinen gerade gezogenen Gleisen zu wirken.

Tupperparty

Eine Kollegin von mir hat eine ähnliche Erfahrung in der Gemeindepastoral gemacht.

Sie war unzufrieden damit, dass sie als Kirchengemeinde nur einen kleinen Teil der Menschen auf ihrem Territorium erreichen. Nämlich die 5–10 % von Menschen, die zum Gottesdienst oder zu speziellen Anlässen kommen. Und sie fragte sich: „Wie können wir in Kontakt kommen mit den vielen anderen Menschen, die zu unserem Gemeindegebiet gehören, aber nicht bei uns auftauchen? Was gibt es denn außerhalb von Kirche an Ideen, von denen wir lernen können?" – Dann fiel ihr Tupper ein. Die so heiß geliebten kleinen Plastik-Schüsselchen werden komplett dezentral vertrieben. Es gab sie bei Menschen zu Hause, die Freunde und Bekannte zu sich nach Hause einladen. Die Tupperberaterin kommt dann dazu und präsentiert das Sortiment. Das war damals sehr erfolgreich.

Was gibt es denn außerhalb von Kirche an Ideen, von denen wir lernen können?

Sie dachte sich: Das probieren wir aus! Lasst uns doch so eine Art „Church-Party" anbieten. Jemand lädt Freunde und Bekannte zu sich nach Hause ein, die nicht mit Kirche im Kontakt sind, und lädt uns dazu ein, wir essen miteinander und kommen ins Gespräch. Am Ende gibt es ein kleines Gastgeschenk. – Der indische Kaplan bot an: „Ich gehe mit und ich kann für die Leute indisch kochen."

Beide waren nicht die Rampensäue oder missionarischen Helden: Sie war klein und introvertiert, er konnte nicht gut Deutsch. Aber sie haben es einfach gemacht.

Das Schwierigste war, jemanden zu finden, der bereit war, Gastgeber zu sein. Eine Frau hat schließlich ihre Bedenken überwunden und hat verschiedene Freunde ihrer Kinder, Nachbarn und Bekannte von Bekannten eingeladen, von denen sie wusste, dass sie nicht kirchlich aktiv sind. Einige davon hatten Interesse und haben zugesagt. Jetzt konnte es also losgehen.

Das war dann der Zeitpunkt, an dem meiner Kollegin und ihrem indischen Kollegen so richtig das Herz in die Hose gerutscht ist, die Panikphase mit der Frage: „Warum tun wir uns das eigentlich an?“

Sie haben die Unsicherheit gespürt, nicht selbst Gastgeber zu sein. Sie konnten überhaupt nicht einschätzen, was an dem Abend passieren würde. Und sie hatten Zweifel daran, die richtigen Gesprächspartner zu sein.

Nun war der Abend gekommen. Es hat sich eine bunte Runde zusammengefunden. Nach dem leckeren indischen Essen fragte ein Gast: „Wozu sind wir noch mal heute Abend hier?“

Darauf sagte meine Kollegin: „Wir haben uns gedacht, wir machen, ähnlich wie Tupper, heute Abend so eine Art Church-Party. Bei der Tupperparty würde ja jetzt quasi das Tupper-Angebot präsentiert. Bei der Church-Party heute Abend könnten wir uns darüber unterhalten, was Glaube für Sie bedeutet und wer Gott für Sie ist.“ – Dieser Satz war der letzte, den sie an diesem Abend gesagt hat. Dann entspann sich ein unglaublich intensives Gespräch, das so keiner erwartet hätte. Jede Person am Tisch, ob sie sich als kirchlich gläubig bezeichnen würde oder nicht, hatte etwas dazu zu sagen: was für sie Glaube ist, was für sie Gott ist und was ihre Lebenserfahrung sie gelehrt hat.

Sie haben die Unsicherheit gespürt, nicht selbst Gastgeber zu sein.

Alle am Tisch waren unglaublich fasziniert von dem, was da passierte. Wann unterhält man sich auch schon wirklich länger über so etwas in großer Runde? Wann kommt ein Gespräch schon mal auf so eine tiefere Ebene?

Irgendwann um Mitternacht verständigte einer der Gäste ihren Partner und rief ins Telefon: „Du musst unbedingt noch herkommen! Wir haben hier so ein tolles Gespräch, das musst du miterleben!"

Als die Kollegin später davon erzählte, kommentierte eine andere Kollegin: „Ich glaube, das ist nur deshalb so gut geworden, weil ihr so seid, wie ihr seid, und selbst nicht so viel gesagt habt. Andere Kollegen hätten die Szene viel zu stark dominiert, weil sie das Gefühl gehabt hätten, sie müssen ihr Wissen zum Besten geben. Aber ihr hattet den Mut, Eure Unsicherheit in die Waagschale zu werfen, und habt dadurch viel Raum eröffnet und so etwas möglich gemacht."

Sie haben sich aus der kirchlichen Komfortzone herausgewagt.

Wir haben Gott nicht in der Tasche

Ich finde dieses Erlebnis ein starkes Beispiel. Es zeigt mir, was wir als Kirche dringend neu lernen müssen: Kontrolle abzugeben und in Unsicherheit zu handeln. Wir haben Gott nicht in der Tasche.

Ich bin ja in diesem Kapitel mit Ihnen zu der Frage unterwegs, was es bedeuten würde, wenn Kirche so handelt, dass es einem großen Gott entspricht. Ich finde, was die Kollegin sich getraut hat, ist so ein Handeln.

Sie hat sich aus ihrer kirchlichen Komfortzone herausgetraut. Und hat dort Gott überraschend erlebt.

Kirche ist oft in einer Komfortzone. Ich kenne mich ja selbst, ich bin auch gerne in dieser Komfortzone. Bei Kirche kennt man sich. Ist doch so schön, mit den Leuten zusammen zu sein, mit denen man schon so lange unterwegs ist. Aber will ich zum Beispiel wirklich wissen, was Menschen über uns als Kirche denken und was sie wirklich bewegt? Frage ich Menschen danach? Ist Kirche auf der Straße, auf dem Markt, in der Bäckerei oder wo auch immer als Kirche sichtbar? Ansprechbar? Kritikfähig? Darauf gefasst, dass Gott schon da ist und etwas Wunderbares passieren könnte?

Das, was zwischen Gott und Menschen passiert, passiert am ehesten jenseits meiner eigenen Sicherheitszone.

Kirche veranstaltet meistens in ihren eigenen Räumlichkeiten, in denen sie den Rahmen bestimmt. Menschen müssen zu ihr kommen. Das gibt Sicherheit. Ich kenne das auch von mir selbst.

Komfortzone kann auch heißen, dass ich vermeide, eine Meinung zu äußern. Dann muss ich sie auch nicht der Debatte aussetzen. Oder dass ich mich hinter Rahmenbedingungen und Regelungen verstecke. Oder die Person, die zum ersten Mal da ist, nach dem Gottesdienst doch nicht anspreche.

Mir ist eines klar geworden: Das, was zwischen Gott und Menschen passiert, passiert am ehesten jenseits meiner eigenen Sicherheitszone.

VUCA-Welt und Kerbers Kaufhaus

Jenseits der eigenen Sicherheitszone zu handeln, ist ja nicht nur für uns als Kirche ein Thema. Die Kompetenz, mit Unsicherheit und Nichtwissen kreativ umzugehen, ist eine Zukunftskompetenz.

VUCA ist das neue Schlagwort, um diese neuen gesellschaftlichen Bedingungen zu beschreiben. Die Buchstaben stehen für volatility, uncertainty, complexity, ambiguity (Flüchtigkeit, Ungewissheit, Vielschichtigkeit, Mehrdeutigkeit). Es geht dabei um das Handeln unter Vorbehalt mit vielen unbekannten Variablen, die sich zudem noch ständig verändern und nicht eindeutig sind. Ich bin also in bester Gesellschaft.

Ich finde das schön und anstrengend zugleich. Tatsächlich fällt mir das auch oft schwer.

Ich gebe zu, ich habe in meiner Arbeit auch oft meine blinden Flecke. Genieße es, das zu wiederholen, worin ich Erfahrung habe. Gleichzeitig merke ich, dass das nicht mehr reicht. Dass es notwendig ist, im Unbekannten flexibel zu handeln. Ich möchte das mehr lernen. Denn es hat auch etwas Befreiendes.

Einiges lerne ich gerade vom agilen Arbeiten des Design Thinking: mit 20 % Aufwand 80 % Qualität zu erreichen und mit diesem provisorischen Status schnell ins Handeln zu kommen, keine drei Schleifen mehr zu ziehen, sondern möglichst unaufwendig ins Experiment zu gehen. Aus den Auswertungen und Rückmeldungen wieder etwas zu verändern. Und dann einfach Entscheidungen zu treffen, ob ein Projekt weiterlaufen soll oder ich es einstellen soll. Wir sind ja bei Kirche gewöhnt, etwas, das einmal klasse war, nächstes Jahr wieder zu machen, und dann nächstes Jahr wieder. Wir stellen die Dinge gern auf Dauer. Aber das passt oft nicht mehr. Weil sich alles so schnell verändert. Sei es durch Corona oder durch was auch immer.

Es geht um das Handeln unter Vorbehalt mit vielen unbekannten Variablen, die sich ständig verändern und nicht eindeutig sind.

In Fulda steht zum Beispiel das riesige Traditionskaufhaus Kerber leer. Die Stadtentwicklungsgesellschaft hat sich dieses Areals mitten in der Innenstadt angenommen und ist ganz innovativ vorgegangen: Sie haben Ideen entwickelt, viele Leute daran beteiligt, überlegt, was neue Bedarfe von Menschen in einer Stadt der Zukunft sein könnten, und was dieses Areal dazu beitragen könnte. Seither probieren sie verschiedene Nutzungen aus – ohne viel Umbau und Investition. Hochzeitsmessen, Aktionsverkäufe, Kulturveranstaltungen ... Damit sammeln sie Erfahrungen und werten sie aus. Zur Zeit werden ein Konzeptkaufhaus, ein Co-Working-Space und eine Eventfläche ausprobiert, als Experiment für drei Jahre, mit leichtem Gepäck.

Mich fasziniert, wie flexibel sie vorgehen. Davon können wir als Kirche lernen, finde ich. Das Provisorische wieder neu zu schätzen. Nicht allem zu schnell feste Mauern und Wände zu geben. Nicht alles auf Dauer zu stellen.

Der größte Feind des Glaubens ist der Wunsch nach Dauer

Ich frage mich immer stärker, ob das Agile unserer aktuellen Zeit ein Ruf von Gott ist. Eine Einladung, neu zu dem zurückzufinden, was Glauben eigentlich bedeutet.

„Der größte Feind des Glaubens ist der Wunsch nach Dauer." Dieser Satz kommt mir immer wieder in den Sinn.

Ich habe Gott nicht in der Tasche.

Er stammt von Madeleine Delbrêl. Sie blieb unangepasst und gehört zu den Mystikerinnen des 20. Jahrhunderts.

Die Erfahrung mit Gott ist für mich nicht verfügbar oder herstellbar – ich habe ihn nicht in der Tasche. Nicht den Gott der Bibel. Ich habe ihn nicht in der Tasche. Zum Beispiel was Mose mit seinem geheimnisvollen Jahwe-Gott erlebt hat, als er mit dem Volk Israel Ägypten verließ und durch die Wüste zog in ein noch unbekanntes Land –

das war absolutes VUCA! Eine Schule im Vertrauen, im Loslassen. Die Notwendigkeit, Sicherheits- und Versorgungsdenken aufzugeben. Eine Schlüsselerfahrung des Glaubens.

Wir spüren so oft die Last, es zu „machen" und Menschen zu überzeugen. Dabei geht es darum gar nicht. Gott handelt.

Gott ist schon vor uns da. Wir spüren so oft die Last, es zu „machen" und Menschen zu überzeugen. Dabei geht es darum gar nicht. Gott handelt und wir dürfen daran Anteil nehmen. – Aber sind wir darauf gefasst?

Tränen am Abflug-Gate

Eine Freundin von mir hat genau diese Erfahrung gemacht. Ich war dabei.

Eine Frau am Abflug-Gate – ich hatte sie gar nicht gesehen. Auf dem Weg zum lockenden Sonnenurlaub auf Kreta war ich im Frankfurter Flughafen vor allem darauf konzentriert, schnell in den Bus zu kommen und bald im Flieger zu sein. Aber meine Freundin Sabine hat sie sofort gesehen: die Frau, die zwischen Abfluggate und Bus in einer Ecke stehen geblieben war und lautlos vor sich hin weinte. Sabine stellte gleich alles auf Stop und näherte sich auf so eine feinfühlige und empathische Weise dieser Frau, dass sie innerhalb von Sekunden in einem sehr guten und hilfreichen Gespräch mit ihr war.

Die Frau war Griechin, die in Deutschland in der Altenpflege arbeitet, auf dem Weg nach Hause zu ihrem sterbenden Vater. Und just am Abflug-Gate bekam sie die Nachricht auf ihr Handy, dass ihr Vater nun doch schon verstorben war. Und sie wollte ihn doch so gerne noch einmal sehen. Jetzt stand sie da, auf halbem Weg, und konnte nur noch weinen, weil sie sich von ihrem Vater nicht verabschieden konnte.

Sabine hat der Frau zugehört, sich ganz auf sie eingestellt. Nichts anderes war mehr wichtig. Sie hat ihre Tränen ausgehalten. Sie hat ihr gesagt, dass sie nichts falsch gemacht hat, dass Sterbende oft ihre Angehörigen nicht belasten wollen, genau dann sterben, wenn die Angehörigen nicht im Raum sind. Dass jeder Sterbeprozess seinen eigenen Rhythmus hat. Und dass es der Frau bestimmt guttut, jetzt trotzdem ihren verstorbenen Vater noch einmal zu sehen. Dass dort am Totenbett auch noch viel an Verabschiedung und Trost und Frieden passieren kann. Sie hat sie bestärkt darin, dass von ihr so viel Liebe ausgeht und ihr Vater das sicher gespürt hat, auch über die Entfernung hinweg. Sie hat die Frau gefragt, ob sie sie in den Arm nehmen darf. Die Frau war so dankbar für diese Umarmung. Sabine hat gesagt: „Ich fühle wirklich von Herzen mit Ihnen." Und die Frau sagte: „Das spüre ich total! Da kommt von Ihnen so viel rüber von Herz zu Herz – obwohl wir uns gar nicht kennen. Das tut mir so gut!"

Es war eine Erfahrung, von Gott gebraucht zu werden, um ein Segen für andere zu sein.

Ich war Zeugin dieser Begegnung. Ich hätte diese Not selbst gar nicht wahrgenommen, und wahrscheinlich auch nicht so toll darauf reagieren können wie meine Freundin Sabine. Sie hat die Frau aus dem Schock geholt mit ihrem ausgesprochenen Talent von Empathie und Mitgefühl und einem speziellen Blick für Not. Die Frau wird diese Begegnung nie in ihrem Leben vergessen. Ich denke, als sie am Abend bei ihrer Familie in Thessaloniki ankam, wird sie das auf jeden Fall erzählt haben. Dieser Moment, an dem man die Todesnachricht des eigenen Vaters bekommt, in einer Situation, in der man sich verloren fühlt und alleine mit diesem Schmerz – und dann kommt eine wildfremde

Frau wie ein Engel dahergeflogen und nimmt sich meiner Not an und fühlt mit mir und spendet mir Trost – das vergisst man nie.

Für Sabine war dieser Moment selbst sehr wichtig. Sie hat gespürt, dass sie gefragt und gemeint war. Dass sie handeln muss. Die Worte sind ihr zugeflossen. Sie war im Nachhinein über sich selbst überrascht und dankbar. Für sie war es eine Erfahrung, von Gott gebraucht zu werden, um ein Segen für andere zu sein.

Wir „bringen“ den Glauben nicht, sondern Gott ist schon da

Mir zeigt das Erlebnis von Sabine ein weiteres Mal, wie das geht – so befreit zu handeln, dass wir Gott nicht klein machen, sondern so handeln, dass es einem großen Gott entspricht.

Dazu gehört für mich die Erkenntnis: Wir „bringen“ den Glauben nicht, sondern Gott ist schon da. Genau das ist bei der Begegnung am Flughafen passiert. Es war eine überraschende Gottesbegegnung für beide, für die trauernde Frau, für Sabine – und auch für mich, die danebenstand.

Wie können wir so befreit handeln, dass es einem großen Gott entspricht?

Es ist ähnlich wie bei den Emmausjüngern. Sie erzeugen ja keinen Glauben, sondern sie entdecken ihn. Das ist das, was mich an der Erzählung mit den Emmausjüngern so in den Bann zieht: Jesus ist die ganze Zeit da. Nur der Punkt ist, dass sie ihn erst irgendwann erkennen.

Eine Pfarrsekretärin aus einer Kirchengemeinde, die nach neuen Wegen sucht, sagte mir kürzlich: „Gott wird

Seines dazugeben. Es werden Dinge entstehen, mit denen wir nicht gerechnet haben."

Ich kann es nicht „machen". Aber ich kann fasziniert staunen und unterstützen, was zwischen Gott und Menschen passiert. Sabines Erlebnis war nicht verfügbar oder herstellbar. Aber es hat ihre Wachheit und Sensibilität gebraucht. Sonst hätte es sich nicht ereignet.

Nicht ich muss überzeugen und gewinnen, sondern Gott ist in jedem Menschen am Werk. Das sind heilige Prozesse, die ich nur sehr anteilig mitbekomme. Aber ich kann einen Beitrag leisten, wenn ich Respekt und echtes Interesse für mein Gegenüber zeige und in ehrliche Resonanz gehe.

Ich kann es nicht „machen". Aber ich kann fasziniert staunen und unterstützen, was zwischen Gott und Menschen passiert.

Was zwischen Gott und meinen Mitmenschen an Beziehung und Kommunikation passiert, bleibt für mich unverfügbar. Ich kann es nicht herstellen. Aber es passiert. Es ist das Momentum Gottes. Es hat aber auch mit mir zu tun, mit meiner Beziehung zum Mitmenschen und mit meiner Beziehung zu Gott. Wenn beide Drähte glühen, entsteht ein Feld, in dem etwas passieren kann – etwas, das ich nicht gemacht habe.

Was haben Wasserkuppe, Friseursalon und Kunstvernissage gemeinsam?

Überall dort ist Gott schon da – ich bringe ihn nicht dorthin. Aber ich kann ihn dort entdecken. Ich habe es erlebt. Sie vielleicht auch.

Ich denke zum Beispiel an eine Frau, die regelmäßig unsere Vernissagen und Kunstausstellungen im katholischen Stadthaus besuchte. Irgendwann fiel ihr in unserem Foyer der Flyer des Glaubenskurses in die Hand: „Einfach mal 8 Wochen lang so tun, als ob es Gott gibt, und schauen, was passiert" war einer der Sätze in dem Flyer. Sie fühlte sich da so hingezogen und konnte gar nicht beschreiben, warum. Eigentlich hatte sie schon lange mit Kirche abgeschlossen. Sie erzählte es ihrem Mann und der sagte spontan: „Spinnst du? Geh da nicht hin!" Also ist sie nicht hingegangen. Aber ein halbes Jahr später lag wieder dieser Flyer da und ließ ihr keine Ruhe ... So kam sie schließlich auf unseren Glaubenskurs. Inzwischen, viele Jahre später, sind beide ehrenamtlich engagiert und aktiv im Glauben unterwegs. – Meine Kollegin aus dem Foyer sagte immer scherzhaft: „Aus manchem Toilettengang ist schon ein Glaubenskurs geworden."

Gott ist schon da - ich bringe ihn nicht dorthin. Aber ich kann ihn dort entdecken.

Ich denke an eine Pfadfinder-Leiterin, die zu mir sagte: „Ich war viele Jahre gar nicht mehr an Glaube und Kirche interessiert, bin über die Kinder wieder dazu gekommen – und jetzt kann ich nicht mehr aufhören! Es treibt mich von innen her an, da brennt etwas in mir."

Ich denke an eine Teilnehmerin unseres Glaubenskurses, die schon weit über 70 war und lange nichts mit dem Glauben zu tun hatte. Sie sagte: „Die Geburt meines Enkelkindes hat etwas in mir ausgelöst. Ich war so dankbar und wusste nicht, wohin ich meine Dankbarkeit richten sollte. Da habe ich gemerkt, dass ich sie an Gott richten will und mich auf die Suche gemacht."

Ich denke an ein Gespräch mit einem international bekannten Jazzmusiker, der bei uns konzertierte und mich ganz unbefangen fragte: „Do you believe in God, or are you only working here? – Glauben Sie an Gott, oder arbeiten Sie nur hier?" Ich habe versucht, in Worte zu fassen, was Glauben für mich heißt – etwas, das wie ein Geschenk auf mich zukommt, eine überraschende Liebe, die mich an sich zieht. Ich fragte ihn: „Was inspiriert Sie?" Und er antwortete: „Ich habe keinen Bezug zu einem persönlichen Gott. Aber ich empfinde großen Respekt vor Menschen, die diese Erfahrung machen. Ich glaube, worum es beim Menschsein geht, ist wirkliche Verantwortung zu übernehmen. Und das ist zugleich so unendlich schwer. Das Drama der Menschheit."

„Glauben Sie an Gott, oder arbeiten Sie nur hier?"

Ich denke an ein Kaffeegespräch mit einem Jazzmusiker, nachdem ein Pianist verstorben war, mit dem wir beide zusammengearbeitet hatten: „Das kann man ja niemandem sagen, aber ich glaube Sie verstehen das: Ich habe von ihm geträumt und er hat sich von mir verabschiedet." Daran schloss sich ein tiefes Gespräch über Sterben, Trauer und Dankbarkeit an.

Ich denke an die Veranstaltung mit dem Weltjugendtagskreuz auf der Wasserkuppe, zu der erst mal gar kein Mensch kam. Ein Ausflugsziel in der Rhön mitten in der Woche mittags. Wir stehen da mit diesem Kreuz, mitten in der Woche mitten am Tag, es waren kaum Menschen da und es hat keinen interessiert. Auf einmal steht ein fremdes junges Mädchen da und bricht in Tränen aus, schluchzt und kann sich nicht mehr beruhigen. Mein Kollege kommt schließlich mit ihr ins Gespräch und sie erzählt: „Ich wollte so gerne dem Weltjugendtagskreuz begegnen. Aber dann musste ich auf diese Klassenfahrt. Ans Ende der Welt, auf die Wasserkuppe. Die Klassenfahrt ist nicht schön und ich dachte mir nur, ‚jetzt verpasse ich dadurch alles'. Und dann steht auf einmal das Weltjugendtagskreuz vor mir! Hier, an diesem abgelegenen Ort! Völlig unerwartet! Als ob Gott das extra für mich organisiert hätte. Ich fühle mich dadurch so überraschend und unglaublich geliebt!"

Ich denke an meine Friseurin in Düsseldorf, die neu zum Glauben gekommen war. Sie hat einen eigenen Frisiersalon aufgemacht, der 50 Cent pro Dienstleistung für einen guten Zweck spendet und eine Hinterzimmer-Jesus-Ecke hat, direkt hinter dem Haarwaschbecken. Es ist unglaublich, was ihre Kundinnen ihr aus ihrem Leben erzählt haben und in was für vertrauensvolle Gespräche sie kam. Drei oder vier ihrer Kundinnen kamen auch immer wieder auf ihre Sehnsucht nach dem Glauben zu sprechen. Schließlich hat sie sich mit ihren Kundinnen und zusammen mit der Gemeindereferentin, ebenfalls Kundin, zu einem Glaubensabend im Frisiersalon verabredet – Bibelteilen beim Frisör.

Gott berührt auch heute Menschen. Er ist mitten in unserer postmodernen, säkularen Welt lebendig da.

Wir können als Kirche so befreit handeln, dass es einem großen Gott entspricht. Es gibt so viele Anknüpfungspunkte und Gelegenheiten zur spirituellen Inspiration, die Neugier am christlichen Glauben wecken. Gott berührt auch heute Menschen. Er ist mitten in unserer postmodernen, säkularen Welt lebendig da. Aber manchmal sind wir blind dafür.

Trauer macht blind

Kürzlich war ich in einem Pfarrgemeinderat eingeladen. Es ging um das Thema missionarische Pastoral. Leute haben Ideen gesammelt, was sie tun könnten, um mit Menschen bei sich im Ort in Kontakt zu kommen. Die frohe Botschaft zu verbreiten. Aber das Gespräch und die Gedanken hatten einen bestimmten Drall. Ich hatte das Gefühl, die Leute waren von nicht eingestandener Trauer wie blockiert. Sie hatten alle schon eine lange ehrenamtliche

Geschichte in ihrer Gemeinde. Irgendwann kam heraus: „Eigentlich möchten wir noch einmal gerne erleben, wie die Kirche wieder knallvoll ist mit Familien und Kindern und die Atmosphäre wieder so wie früher in den Familiengottesdiensten damals, unserer besten Zeit. Das war immer so schön."

Die Trauer über das, was ihnen wertvoll war und zu Ende gegangen ist, hatten sie noch gar nicht verarbeitet. Vielleicht noch nicht einmal wirklich eingestanden. Sie hingen noch an ihren alten Bildern. An dem, was ihnen auf ihrem Glaubensweg zu Herzen gesprochen hat. Sehr verständlich. Es geht ja um Herzensdinge aus der eigenen Biografie.

Jetzt ist eine andere Zeit mit anderen Menschen. Um mich auf sie einstellen zu können, muss ich mich der Realität stellen.

Aber es bezieht sich auf eine Vergangenheit. Jetzt ist eine andere Zeit mit anderen Menschen. Um mich auf sie einstellen zu können, muss ich mich der Realität stellen. Meine Trauer anschauen. Verarbeiten, dass etwas, das mir kostbar war, nicht mehr ist. Denn Trauer macht blind für neue Möglichkeiten.

Gott berührt auch heute Menschen

Zeitgleich passieren nämlich Dinge wie zum Beispiel in der Citypastoral Fulda im letzten Dezember: In Kooperation mit dem Kulturzentrum Kreuz, der evangelischen Kreuzkirche und dem Stadtmarketing hat sie erstmals ein Weihnachtssingen auf dem Domplatz veranstaltet. Es war unglaublich: 8.000 Menschen sind gekommen, Jung und Alt, mit Kind und Kegel, aus allen Teilen der Gesellschaft! Der Domplatz war so voll wie schon lange nicht mehr seit Corona. Es herrschte eine intensive Stimmung.

Es entstand ein starkes Gemeinschaftsgefühl. Das Singen hat befreit. Und es ging um die Geburt Jesu. Und um das Gute, das sie in die Welt gebracht hat. Es wurden mehrere Tausend Euro gespendet für Menschen in Not.

Wie können wir als Kirche wieder so befreit handeln, dass wir Gott nicht klein machen, sondern uns von seiner Größe begeistern lassen?

Indem wir neu zu dem Glauben zurückfinden: Gott ist da. Jesus ist immer noch auferstanden. Gott berührt auch heute Menschen. Das ist auch real. Vielleicht überrascht Sie meine simple Antwort. Aber auf diese Realität möchte ich mich immer wieder konzentrieren. Sie ist langfristig wirksamer als der Blick auf alles, was weniger wird.

> **Es geht nicht darum, dass es die Kirche auch in 30 Jahren in ihrer jetzigen Form gibt. Sondern darum, dass wir einen großen Gott haben.**

Denn es geht gar nicht um den Erhalt des Eigenen, sondern um das, was Gott heute tun will. Es geht nicht darum, dass es die Kirche auch in 30 Jahren in ihrer jetzigen Form gibt. Sondern es geht darum, dass wir einen großen Gott haben, der uns einlädt, auf sein überraschendes Handeln einzugehen. Auch jenseits unserer eigenen Rillen und Bilder.

Über meinen Schreibtisch habe ich mir ein Zitat gehängt, das mich in meinem oft gut geordneten kirchlichen Berufsalltag immer wieder gegen den Strich bürstet:

„Jesus Christus kann die langweiligen Schablonen durchbrechen, in denen wir uns anmaßen, ihn gefangen zu halten, und überrascht uns mit seiner beständigen göttlichen Kreativität."[1]

Anmerkungen

[1] Papst Franziskus, Enzyklika Evangelii Gaudium Nr. 11, 2013

Was kann ich für Sie tun?

Den Selbstverwirklichungsmodus verlassen

Claudia Plociennik

„Ich kann Ihnen leider nicht weiterhelfen"

„Ring, ring...ring, ring", als das Telefon neben mir klingelte, war ich guter Dinge. Ich war alleine im Pfarrbüro – Pastoralassistentin im ersten Ausbildungsjahr. Alle meine Kolleginnen und Kollegen waren an diesem Morgen auf Fortbildungen, hatten frei oder waren anderweitig unterwegs. Ich sollte die Stellung halten im Büro und das tat ich auch. „Ring, ring ...", das Telefon gab keine Ruhe. Ich meldete mich pflichtbewusst mit dem Namen unserer Pfarrgemeinde, meinem eigenen Namen und der höflichen, wenn auch standardisierten Floskel: „Was kann ich für Sie tun?" Nach einem kurzen Schweigen begann mein Gegenüber, es war eine Frau, zu sprechen. In knappen Sätzen berichtete sie mir, dass sie in einer hiesigen Pflegeeinrichtung arbeitet, eine Person, die katholisch ist, im Sterben liegt und sie einen Priester brauche, der noch einmal ins Haus kommen würde. Sie hätte auch schon in den anderen Kirchenbüros angerufen. Ich sei endlich die Erste, die sie erreicht habe. Alle schienen irgendwie ausgeflogen zu sein. Mir stockte der Atem. „Unser Pfarrer ist auch gerade unterwegs und nicht erreichbar", waren die Worte, die stotternd über meine Lippen kamen. „Ich kann Ihnen leider auch nicht weiterhelfen. Vielleicht probieren Sie es noch einmal in der Nachbargemeinde." Mit diesen Worten verabschiedeten wir uns und ich legte den Hörer auf.

Wenn ich heute an diesen Moment zurückdenke, wird mir flau im Magen. Wie mag es der Frau am anderen Hörer wohl ergangen sein? Welche Erfahrung hat sie in diesem Moment gemacht und was mag sie in dieser Situation von Kirche gedacht haben? Was wird sie später ihren Kolleginnen oder ihrem Chef berichten? Wird sie sich, bei einem eigenen Anliegen, noch einmal an die Kirchengemeinde wenden? Wie ergeht es den Angehörigen der im Sterben liegenden Person?

Welche Erfahrung hat sie in diesem Moment gemacht und was mag sie in dieser Situation von Kirche gedacht haben?

30 Minuten später kam der für mich erlösende Anruf meiner Kollegin aus der Nachbargemeinde. Sie berichtete mir, dass sie die Anfragende um einen Moment Geduld bat, sich selbst zehn Minuten durch alle möglichen Dienst- und Handynummern der Kollegen gewählt hatte und schlussendlich einen Priester ausfindig machen konnte, der nun auf dem Weg in das besagte Pflegeheim war. Puh, zum Glück hatte sie schon damals die wirkliche Bedeutung von „Was können wir für Sie tun" als Haltung verinnerlicht.

Zwei Welten prallen aufeinander

Kennen Sie solche Situationen vielleicht auch? Was hier passiert ist, lässt sich leicht zusammenfassen: Zwei Welten sind zusammengeprallt und unbefriedigt auseinandergegangen. Auf der einen Seite ist die Anruferin mit einem dringenden Anliegen – immerhin ging es tatsächlich um Leben und Tod. Zudem ist sie es, so wie wir alle, möchte ich meinen, aus anderen Zusammenhängen ihres Lebens heraus gewohnt, „on demand" Lösungen zu bekommen. Ein Klick im Webshop und die Ware wird morgen geliefert, ein Klick in der Mediathek und mein Film läuft sofort. Ein Anruf im Pfarrbüro und mir wird weitergeholfen?! Und auf der anderen Seite war ich. Claudia, 23 Jahre, Berufseinsteigerin ... als Vertretung der Organisation Kirche. Wegen der eigenen Unbeholfenheit in den Abläufen und Zuständigkeiten konnte ich ihr nicht behilflich sein. Meine Antwort war für sie von keinerlei Nutzen.

Ich möchte dieses Erlebnis gern größer denken. In meinen Augen tun die Kirche und ihre Mitarbeiterinnen und Mitarbeiter viel, aber schaffen es augenscheinlich nicht (mehr), die Fragen zu beantworten, die die Menschen tatsächlich haben – ihnen wirklich nützlich zu sein. Dieser entscheidende Weg scheint durch einen egozentrischen Selbstverwirklichungsmodus verstellt.

Lassen Sie uns gemeinsam auf Entdeckertour gehen, um herauszufinden, wie Kirche ihren Selbstverwirklichungsmodus verlassen kann und mithilfe der Erkenntnisse aus der Wirtschaft – besonders aus dem Bereich des Marketings – eine neue Haltung einnehmen lernt. Wie können wir kirchliches Handeln wieder so dienend gestalten, dass wir suchenden Menschen ein wirkliches Gegenüber sind? Kann sich Kirche wieder zu einem Player in der Stadt entwickeln, der in der heutigen Zeit relevant ist?

> **Wie können wir kirchliches Handeln wieder so dienend gestalten, dass wir suchenden Menschen ein wirkliches Gegenüber sind?**

Die Bedürfnisse des anderen im Fokus

Neulich freute ich mich wie ein kleines Kind, als ich beim Warten auf meine Dönerbestellung an meinem Tisch eine Steckdose entdeckte. Mein Handy war kurz davor, den Geist aufzugeben. Bei meiner Nutzungsfrequenz hält die

Akkuleistung leider nie, was sie verspricht. Normalerweise hätte ich mein Ladekabel nicht einfach in fremde Steckdosen gesteckt und mich kostenlos am Strom des Budenbesitzers bereichert. Hätte meine Notsituation meine Scham vielleicht übertrumpft? Möglicherweise hätte ich heimlich und versteckt versuchen können, eine Steckdose für meine Zwecke zu verwenden. Da ich aber eher ein grobmotorischer Mensch bin, hätte das sicherlich nur ein peinliches Ende mit knallrotem Kopf ergeben. Scheinbar war ich mit meinem Problem am richtigen Ort. Direkt an meinem Tisch war die besagte rettende Steckdose, direkt auf Augenhöhe. Und nicht nur das. Der Ladenbesitzer hatte die Steckdose mit einem Aufkleber versehen. Darauf stand in großen schwarzen Buchstaben: „Handyladestation". Mein Herz machte einen richtigen Hüpfer vor Freude. Ich empfand dies als eine kleine, am Bedürfnis des Kunden orientierte Aufmerksamkeit des Hauses. Möglicherweise hatten auch andere Kundinnen und Kunden vor mir das gleiche Problem. Der Besitzer reagierte auf das Bedürfnis mit einer simplen, aber wirkungsvollen Lösung.

Manchmal reichen simple, aber wirkungsvolle Lösungen.

Der Dönerladenbesitzer ist mir positiv im Gedächtnis geblieben – er hat auf mein Problem eine Antwort gegeben, die Relevanz hatte. Wie Sie sehen, geht das schon im Kleinen. Ein am Bedürfnis des anderen angepasster Service – ich plädiere dafür, dass jegliches kirchliches Tun aus dieser Haltung heraus geschehen muss. Klingt schwer – ist es aber nicht. Ich frage mich, ob solche Aufkleber auch eine Idee für die Steckdosen Ihres Gemeindehauses wären?

In meinem Alltag finde ich weitere Beispiele, wie Firmen Antworten und Lösungen gefunden haben, die es schaffen, mein Leben angenehmer zu gestalten. „Alexa" kann ich nach Diagnosen befragen. Bei Pinterest finde ich Inspirationen im Bastel- und Kreativbereich und Erziehungstipps für den Alltag. Auf der Seite von Media Markt chattet ein Mitarbeitender mit mir, wenn ich eine Produktanfrage habe. Ich brauche dank des Services von Google kein Telefonbuch und keine Landkarte zum Navigieren mehr. Netflix und Prime Video lassen mich Filme und Serien konsumieren, wann, wo und wie lange ich will. Das alles ohne Werbeunterbrechungen und ganz nach meiner Laune und Geschmack. Diesen Service lasse ich mir etwas kosten.

Was haben all diese Unternehmen richtig gemacht?

Sie sind scheinbar zu den (neuen) Antwortgebern mancher Generationen geworden. Passgenau haben sie Lösungen, Serviceleistungen und Angebote generiert, die auf das Bedürfnis der Nutzenden zugeschnitten sind. Und damit haben sie sie in den Mittelpunkt gestellt. Angebot und Nachfrage sind wichtige Begriffe in der Unternehmenssprache und des Marketings. Nach ihren Regeln spielt der Markt, gestalten sich Produkte und Preise. Alle genannten Beispiele haben eines gemeinsam: Sie schaffen ein Angebot, eine Lösung, die die Nachfrage und das Bedürfnis der Nutzenden als Zentrum in den Blick nimmt.

Kirchliches Tun muss Antworten und passgenaue Lösungen abbilden.

Für unser kirchliches Tun bedeutet dies, die Nachfrage oder das Bedürfnis des anderen zu allererst zu erkennen, dieses dann in den Mittelpunkt unseres Denkens zu stellen und nach einer passgenauen Lösung dafür zu suchen. X-beliebige Angebote gehören dann der Vergangenheit an.

Das neue Motto lautet: Ein Bedürfnis erkannt – mit einer passgenauen und nutzerfreundlichen Lösung gebannt.

Das ist ja alles schön und gut, mögen Sie vielleicht gerade denken, aber so easy peasy ist das dann doch nicht! Sie fragen sich, woher Sie denn wissen sollen, welches Bedürfnis der andere denn hat? Oft schwingt hierbei zudem der Anspruch mit, „für alle" da sein zu wollen. Diese Illusion möchte ich Ihnen nehmen. Sie werden nie ein einziges Angebot schaffen können, das „alle" bedürfnisorientiert anspricht. Um tatsächlich Passgenauigkeit zu erzielen, braucht es eine Festlegung auf eine Personengruppe, für die mein Angebot sein soll. Um herauszufinden, wer das sein kann, müssen wir tiefer in den Erkenntnissen des Marketings graben. Dort tun sich Möglichkeiten auf, herauszufinden, wen wir da eigentlich tagtäglich vor uns haben. Oder wer das denn genau ist, den wir unbedingt als Kirche mit unserer Botschaft zu erreichen versuchen. Unternehmen haben dafür eine ganze Abteilung, die sich im Marketing ausschließlich mit der Zielgruppenforschung beschäftigt. Aber dies lasse ich nicht als Ausrede durchgehen. Auch als kirchliche Organisation haben wir Möglichkeiten, die Menschen, mit denen wir zu tun haben, näher unter die Lupe zu nehmen.

Sie werden nie ein einziges Angebot schaffen können, das „alle" bedürfnisorientiert anspricht.

Wer ist eigentlich „der andere"?

Im Oktober 2019 saßen meine Kollegin und ich als frisch eingestellte Referentinnen für Citypastoral in unserem neuen Büro. Wir hatten Glück, dass wir als Team das Arbeitszimmer des Pfarrers beziehen durften. Dieses war groß und hell durch eine wunderbare Fensterfront. Regelmäßig, fast stoßzeitenartig wurde es laut vor dem Fenster. Viele Studentinnen und Studenten säumten diskutierend und lachend den Weg, der eine Verbindung zwischen Mensa-, Vorlesungs- und Bibliotheksgebäude darstellt. Im Büro selbst fanden wir uns nach ein paar Stunden gemeinsamen Denkens und Grübelns in einem Meer aus Plakaten und bunten Post-Its wieder. In großen Buchstaben thronte das Wort HINHÖREN über all unseren Notizen. Drumherum benannten wir die für uns relevanten Ebenen des Hinhörens: Personen aus der Stadt (spontane Passanten-Interviews), Personen aus dem öffentlichen Leben (Politik, Ökumene, Wirtschaft, Kultur, Soziales), Stakeholder (einflussreiche Kontakte) und die Verantwortlichen der katholischen Kirchengemeinden. Randnotizen wie: „Tageszeitung abonnieren“, „Für wen sind wir eigentlich da?“, „Studentischer Rhythmus“ und viele mehr dekorierten weitere bunte Flipcharts. Da klopfte es an der Tür: „Ich wüsste gar nicht, wo ich an eurer Stelle mit der Arbeit anfangen sollte.“ Die Gemeindereferentin aus dem angrenzenden Büro stand in der Zimmertür. „Na, zum Glück scheint es euch anders zu gehen“, sagte sie mit einem Blick auf unsere ersten Gedankenergebnisse und verließ den Raum mit einem Lächeln.

Passgenauigkeit verlangt die Vergewisserung: Für wen sind wir eigentlich da.

Erstaunt erinnere ich mich an diese Situation zurück, weil wir ganz intuitiv eine Sache von Anfang an richtig gemacht haben: Wir haben unsere Aufmerksamkeit weg von uns und hin auf die Menschen gerichtet, für die wir da sein sollten. Wir waren bereit, nachzufragen, hinzuhören, Neues zu lernen.

Das klingt banal? Ist es aber nicht. Wie ist es denn zumeist, wenn man eine neue Stelle antritt? Oft möchten wir uns doch selbst verwirklichen. UNSERE Vorstellungen und Wünsche einbringen. Vielleicht auch UNSERE Bedürfnisse nach Dienstzeiten und Arbeitsalltagsgestaltung umsetzen. Und dann abwarten und hoffen, dass sich jemand eingeladen fühlt. Natürlich hatten auch wir den Drang, unsere persönlichen Ideen und Wünsche zu verwirklichen. Die Stellenbeschreibung war so vielsagend wie ein leeres Blatt Papier oder eine ganze Bibel – alles und nichts. Wir hätten quasi alles tun können, wonach uns war. Der Selbstverwirklichungsmodus wäre uns aber zur Falle geworden. Ich denke, dass wir dann nicht so viel in so kurzer Zeit erreicht hätten, wie aus unserer Grundhaltung des „Hinhörens" heraus.

Welche Themen, Sorgen, Lebensweisen hat meine Zielgruppe?

Die Antworten auf die Fragen: „Für wen sind wir eigentlich da?", „In welchem Kontext bewege ich mich in meinem Wirkungsbereich?" und „Welche Themen, Sorgen, Lebensweisen hat meine Zielgruppe?" lassen sich leicht finden. Nutzen Sie die Kirchenbücher, das Meldewesen mit Adressen der katholischen Steuergeldzahler und die eigenen Augen und Ohren als Informationsgeber. Neben diesen bietet das Internet einen reichen Schatz an Statistiken, Fakten und Zahlen, die man ganz exklusiv für den eigenen Wirkungsort filtern kann. Zudem haben wir, im Gegensatz zu anonymen Großunternehmen, die Möglichkeit, den Menschen, die Zielgruppe sind oder sein sollen, direkt auf der Straße zu begegnen. Auf diesen Wegen haben auch wir eine Menge über die Menschen in Marburg erfahren. Um sie uns besser vorstellen zu können, haben wir ‚Personas' erstellt, ein Trick aus der Marktforschung, um sich seine Zielgruppe anhand einer (fiktiven) Einzelperson sprichwörtlich vor Augen zu führen.

Eine Kontaktfläche für Anna

Eine unserer Personas ist Anna. Sie ist 20 Jahre alt und eine der Studentinnen und Studenten, die jeden Tag mit vielen anderen jungen Menschen an der Fensterfront unseres Büros vorbeikommt. Jahrelang wurden die Scheiben in Gardinen gehüllt. Nachdem uns klar wurde, dass Anna, als Stellvertreterin unserer Zielgruppe, jeden Tag mehrmals den Weg zwischen den Universitätsgebäuden hin- und herläuft, haben wir diese Fläche zur Kommunikation genutzt. Sie und die anderen Studierenden gehen nun diskutierend und lachend, wie eh und je, an unseren Plakaten und unseren guten Wünschen für den Tag vorbei. Die Gardinen sind weg – die Abgrenzung abgebaut. Stattdessen nutzen wir die optimale Lage der Fensterfront und bieten den jungen Leuten auf dem Weg zur Mensa oder Unibibliothek eine Kontaktfläche zu uns als Kirche an.

Laden Sie doch einmal Ihre Gremien zu einem Beobachtungs- und Recherchenachmittag ein.

Auch wenn Ihr Büro vielleicht nicht so gut gelegen ist, werden Sie erstaunt sein, was Sie alles über Ihre Mitmenschen, Ihren Wirkungsort und deren Bedürfnisse erfahren können und welche neuen Möglichkeiten Ihres Handelns sich daraus ergeben. Laden Sie doch einmal Ihre Gremien zu einem Beobachtungs- und Recherchenachmittag ein, um die Nachbarn Ihrer Gemeinde kennenzulernen. Auch ein Besuch in städtischen Arbeitskreisen oder ein Vernetzen mit anderen wichtigen Playern Ihrer Stadt kann den

Blick für die Zielgruppe weiten. Das Projekt „Hinhören" war dabei unser erster geistbeseelter Anfang, das wechselseitige Lernen von Kirche und Stadt an unserem Wirkungsort anzugehen. Stets geprägt von dem Leitgedanken:

> *„Lass mich dich lernen, dein Denken und Sprechen, dein Fragen und Dasein, damit ich daran die Botschaft neu lernen kann, die ich dir zu überliefern habe." (Klaus Hemmerle)*[1]

Dieser Gedanke ist nicht nur interessant zu zitieren, sondern birgt grundlegende Verhaltensänderungs-Ansprüche an unsere Arbeitsabläufe in sich. Ein konsequentes Beherzigen dieser Aussage macht aus jedem von uns einen Forschenden – einen Entdecker, einen Lernenden. Die nächste Lerneinheit bot sich uns im Jahr 2022, in dem unsere Stadt ihr 800jähriges Jubiläum feierte.

Komm aus den Puschen – 800 gute Taten für Marburg

Im Rahmen des Stadtjubiläums beschlossen wir „800 gute Taten für die Stadt" zu sammeln. Wir wollten Privatpersonen, Unternehmen, Schulklassen und viele mehr für die Idee begeistern, sich für ihre Stadt im Kleinen oder im Großen zu engagieren. Müll einsammeln, den Kindergartenzaun als Belegschaft streichen oder als Chef für die Mitarbeiterinnen und Mitarbeiter einen Kuchen backen. Ziel und Sinn war es, Gottes Auftrag zur Nächstenliebe durch praktisches Tun ins Gespräch zu bringen, erlebbar zu machen und die Stadt damit positiv mitzugestalten. Alle Projekte zusammengenommen sollten dann als großes Geburtstagsgeschenk zum 800jährigen Jubiläum der Stadt auf unserer Webseite präsentiert

Ziel ist es: Gottes Auftrag durch praktisches Tun ins Gespräch zu bringen und erlebbar zu machen.

werden. Da das Jubiläumsjahr im Frühjahr eröffnet wurde, stellten wir uns die Frage, wann wir mit unserer Kampagne wohl am besten starten. Wann sind Menschen dazu bereit, sich einer „guten Tat“ anzunehmen? Oder sich etwas vorzunehmen? Schlussendlich haben wir uns für den 1. Januar als Start von „Komm aus den Puschen. 800 Gute Taten für Marburg“ entschieden. Und das ganz bewusst, auch wenn das hieß, dass ich an meinem Geburtstag durch die Stadt fuhr und Plakate anbrachte.

Sie fragen sich sicherlich, warum wir nicht die Fastenzeit genommen haben. Diese scheint uns doch im Kirchenjahr am passendsten zu sein. Aber eben nur im Kirchenjahr – nicht gesamtgesellschaftlich. Zum Jahreswechsel ist es üblich, sich motiviert „guten Vorsätzen“ zu widmen – nicht ohne Grund gibt es Gesundheitskampagnen wie den „Dry January“. Vor der Industrialisierung waren die Kirchen die Zentren in den Städten. Und das meine ich in doppelter Hinsicht. Sie waren mit ihren Gebäuden sichtbare Ortsmitten, ihr Glockengeläut ein relevanter Alltagsbegleiter und ihre Glaubenssätze waren lebensprägende Inhalte für die Menschen. Heute erleben wir: kirchliches Tun und Engagement sind kein Automatismus. Es gibt eine Vielzahl an nicht-konfessionellen Angeboten für die Freizeitgestaltung. Und durch die Möglichkeiten des Internets hat sich die Reichweite der Informationen und Denkanstöße extrem erhöht. Antworten auf die existentiellen Fragen des Lebens lassen sich vielfältig finden. Auch der Lebensrhythmus der Menschen hat sich verändert. Beispielsweise wird die Einschulung zunehmend zum Familienfest – früher war es die Erstkommunion. Wer Ruhe und Besinnung sucht, findet sich vielleicht in einem Yogakurs

> **Heute erleben wir: Antworten auf existentielle Lebensfragen lassen sich vielfältig finden.**

der Volkshochschule beheimatet – früher war es die Abendmesse. Die Sonn- und Feiertage sind mancherorts die einzige Zeit der Woche, die die berufstätigen Eltern mit ihren Kindern in der Eisdiele oder beim Stadtfest genießen wollen – früher war es der Tag des Gottesdienstes und der geschlossenen Geschäfte.

Ein neuer Rhythmus weist den Weg

Worauf ich hinauswill, ist: Das Kirchenjahr hat als Orientierungsgröße an Bedeutung verloren, ebenso manche Akzeptanz von kirchlichen Traditionen und Bräuchen. Menschen folgen ihrem eigenen Rhythmus und Trends geben Gewichtung und Richtung im Leben. Waren die Namenspatrone und deren Gedenktage noch wichtige Größen im Alltag meiner Großeltern, spielen sie in meinem Leben kaum noch eine Rolle. Ich erinnere mich noch genau daran, wie verwirrt ich stets war, wenn sie mir am 20. März ein kleines Geschenk überreichten. Geschenken bin ich natürlich nie abgeneigt, aber ich verstand schon als Kind den Sinn dahinter nicht. Mir war mein Geburtstag als Geschenketag einleuchtender. Zumal es in meinen Augen ohnehin keine heilige Claudia gab, die Heldentaten im Namen ihres Glaubens verrichtet hatte. Wie konnte dies auch möglich sein, bedeutet der Name doch ganz unrühmlich: die Hinkende.

Menschen folgen ihrem eigenen Rhythmus und Trends geben Gewichtung und Richtung im Leben.

Befremdlich wirkt so auf den einen oder anderen Mitbürger die jährliche Fronleichnamsprozession, die mit Blasorchester und Posaunen durch die Marburger Oberstadt führt. Schon öfter habe ich provozierende Pöbeleien miterleben müssen. Ich wundere mich auch ebenso nicht mehr über den wiederkehrenden Aufschrei und damit verbundene Protestaktionen am Karfreitag. Denn ein altüberliefertes Tanzverbot an diesem geprägten Tag findet in der Lebenswirklichkeit vieler Menschen keine Resonanz. Stattdessen sitzen am Karfreitag die Studierenden und Familien am Ufer der Lahn und genießen bei herrlichem Wetter und in geselliger Runde ihre Grillwurst – während wenige andere in der benachbarten Kirche dem Leiden und Sterben Jesu gedenken.

Darüber und über manch anderes könnte man sich ärgern und sich, wie vor dem Zweiten Vatikanischen Konzil, als Gegenüber der Gesellschaft begreifen: als mahnendes und belehrendes Gegenbild zur Welt. Man könnte sich erbost auf den Weg an das Lahnufer machen und die jungen Leute über das Fastengebot aufklären. Oder Leserbriefe schreiben, in denen man betont, wie sehr doch die Gesellschaft verkommt, an heiligen Tagen die kirchlichen Traditionen mit den Füßen zu treten. All dies könnte man tun, aber das wäre weltfremd und aus meiner Sicht vor allem Gott verneinend, der doch im Hier und Jetzt wirkt. Wir sind dazu berufen, die Augen und Ohren für sein Wirken offenzuhalten „auf die verschiedenen Sprachen unserer Zeit zu hören" (GS 44) und diese zu deuten.

> **Eine am Nächsten orientierte Haltung bewahrt davor, die Traditionen der Kirche über das Wirken des Heiligen Geistes zu stellen.**

Eine am Nächsten orientierte Haltung bewahrt uns davor, die Traditionen und Rituale der Kirche über das Wirken des Heiligen Geistes im Hier und Jetzt zu stellen. Es ist notwendig, anzuerkennen, dass Kirche an Relevanz in vielen Lebenswirklichkeiten verloren hat. Wir müssen als Kirche die Gegenwart, den Rhythmus der Menschen, die Trends und die aktuellen Fragestellungen der Generationen als tatsächlichen Wirkungsort Gottes begreifen.

Dafür sollten wir uns von Gewohnheiten verabschieden. Ich weiß, das ist eine Herausforderung. Hierzu fallen mir spontan die Ziegen in meiner Nachbarschaft ein. Bitte denken Sie jetzt nichts Falsches. Ich meine tatsächlich Ziegen – nicht etwa meine Nachbarn selbst. Diese besagten tierischen Ziegen haben in ihrem Gehege drei Pfade angelegt. Es ist wirklich erstaunlich zu beobachten, dass sich diese Wege durch die Gewohnheit der Tiere, stets den gleichen Weg zwischen Zaun und Stall zu nutzen, richtig eingeschliffen haben. Ihnen ist es von Natur aus scheinbar gegeben, von Wegen, die einmal verfestigt sind, nicht abweichen zu können. Zum Glück sind wir keine Ziegen – Sie und ich. Wir können es, auch wenn es schwerfällt und mit Gegenwind zu rechnen ist: alte Wege verlassen und Neues wagen. Auch hier kann ich Ihnen Mut machen, dass es bereits mit kleinen ersten Schritten funktionieren kann. Haben Sie sich schon einmal gefragt, wie nutzerfreundlich Ihre Sprech- und Öffnungszeiten im Pfarrbüro sind?

> **Auch wenn es schwerfällt und mit Gegenwind zu rechnen ist: Wir können alte Wege verlassen und Neues wagen.**

Geburtstermine von Jesus

Weihnachten im Winter 2020 durften wir eine Graffitikrippe auf dem Rathausplatz unserer Stadt aufbauen. Dieses Projekt musste den Anforderungen der damaligen Corona-Bestimmungen genügen und daher autark funktionieren. Auf drei Bauzäunen, die wie ein Dreieck gestellt waren, brachten wir Sperrholzplatten an, die von einem Marburger Graffitikünstler gesprayt waren. Eine Seite bildete die bekannte Stallszene ab. Auf den anderen beiden Seiten fanden sich Hirten am Lagerfeuer und die drei

Könige auf dem Weg nach Betlehem wieder. Eigentlich waren uns die Entwürfe viel zu kirchennah für unsere Zielgruppe. Aber im Gespräch mit dem nichtgetauften Künstler änderte sich unsere Wahrnehmung. Er habe bewusst eine vertraute Weihnachtserzählung als Motiv gewählt, weil die Coronapandemie so viel Chaos und Unzuverlässigkeit in den Alltag der Menschen gebracht hat und man sich nach Bekanntem sehnte. Das war ein überzeugendes Bedürfnis-Argument aus der Zielgruppe – für die Zielgruppe. Die ganze Adventszeit über zogen im Rahmen der Graffitikrippen-Aktion Maria und Josef als zwei lebensgroße Holzfiguren durch die Stadt – immer ein Stück näher zur Krippe. Zwischenzeitlich musste Josef seine Maria als vermisst melden. Dank eines Presseaufrufes konnte sie aber aus der Lahn geborgen werden. Ganz ehrlich, wir hätten auch nicht gedacht, dass die Reise zum Stall für die beiden durch Marburg ebenso beschwerlich werden würde, wie sie in den vielen Krippenspielen nach Betlehem beschrieben wird. Am 24. Dezember kam das Holz-Paar am Stall an. An dem Ort, wo das Jesus-Baby am Abend angeschraubt werden sollte, hatten wir einen Zettel platziert. Hierauf war zu lesen: „Geburtstermine von Jesus: …" und darunter alle Gottesdienstzeiten und -orte, wo an Heiligabend gefeiert werden würde. Allein diese Sammlung zu erstellen, war eine Odyssee. Es war aufwendiger, als wir gedacht haben, alle Webseiten der Pfarrgemeinden zu durchsuchen und uns durch diverse Pfarrbriefe zu wühlen. Aber die Arbeit war es uns wert, denn so konnten wir nutzerfreundlich gebündelt alle Zeiten und Orte auf einen Blick präsentieren.

Ich schätze es sehr, mein Lösungswissen nicht mühselig suchen zu müssen.

Ich persönlich schätze es sehr, eine Übersicht aller Termine zu haben, mein Lösungswissen nicht mühselig selbst zusammensuchen zu müssen, sondern gebündelt präsentiert zu bekommen. Nutzerfreundlich sollten daher auch unsere Angebote sein. Um die eigene Wahrnehmung zu schulen, hilft es, wenn man sich selbst ab und an in die Lage des Nutzenden versetzt. Sind die Pfarrbüroöffnungszeiten dann tatsächlich am Nutzenden orientiert? Können auf unseren Webseiten die notwendigen Informationen schnell gefunden werden?

Das Zauberwort heißt: Nutzerorientierung

„Das war aber schon immer so", ist ein Scheinargument, das nicht gelten darf.

Mit dem Blick auf die Nutzerfreundlichkeit als weitere Entdeckung auf unserer Reise treffen wir auch auf Gegenwind und auf ein zur Wehr setzen gegenüber dem Scheinargument der Zeit: „Das war aber schon immer so." Ein Pfarrer berichtete mir neulich von seiner folgenreichen Entscheidung. Ein junger Mann wählte vor ein paar Jahren seine Nummer und erzählte ihm zornig sein Anliegen. Er sei Nachtarbeiter, wie so viele andere im Viertel. Die Kirchengemeinde liegt inmitten einer Hochhausgegend. Morgens gegen 4:30 Uhr komme er nach Hause, esse einen kleinen Snack und lege sich dann schlafen. Keine Stunde später werde er täglich aus seinen Träumen gerissen. Das Glockenläuten der Kirche sei für ihn ein schlafraubendes Relikt aus längst vergangenen Zeiten. Er, als Pfarrer, solle doch gefälligst dafür sorgen, dass das Gebimmel aufhöre. Kirche solle sich nicht anmaßen, sich so in sein Leben einzumischen. „Was denkst du, was ich gemacht habe?", fragt mich der Pfarrer. Mit seinem typischen Blitzen in den Augen wartet er mein fragendes Schulterzucken ab: „Selbstverständlich habe ich postwendend das Glockenläuten abgeschaltet."

Sich am Bedürfnis des anderen zu orientieren, die Angebote nutzerfreundlich zu gestalten, den Nutzenden in den Mittelpunkt zu stellen – das nennt das Marketing Nutzerorientierung. Das Zauberwort, dem alle bisher beschriebenen Erkenntnisse zugrunde liegen. Auch wenn der Begriff Nutzerorientierung in einem anderen Kontext geprägt ist, ist dieser Paradigmenwechsel im pastoralen Handeln von Kirche meiner Meinung nach grundlegend. Eine solche Haltung ist Ausdruck von Nächstenliebe, die sich ganz auf den anderen einlässt, von seinem Standpunkt her zu denken versucht und die Hoffnungen und Wünsche der Menschen wahr- und ernst nimmt. Wenn wir es schaffen, dass Menschen Kirche wieder so erleben, dann hat sie eine Chance, wieder in deren Leben eine Rolle zu spielen. Leider herrschen aktuell andere Erfahrungen vor, die es anzuschauen gilt.

> **Kirche hat eine Chance, wieder eine Rolle zu spielen, wenn sie die Hoffnungen und Wünsche der Menschen in den Mittelpunkt stellt.**

Rikscha fahren zum Stadtfest

„Wie? Die Fahrt ist kostenlos? Soll ich nicht wenigstens was spenden? Ihr seid doch von der Kirche." Zwei junge Frauen hatten gerade auf der Rückbank unserer Citypastoral-Rikscha „Thea" Platz genommen und konnten es einfach nicht fassen, dass das Angebot, durch die Stadt gefahren zu werden, unentgeltlich war. Auch andere Fahrgäste hatten scheinbar die Erfahrung mit Kirche gemacht, dass stets um Spenden gebeten wird. Bei den vielen verschiedenen Passagieren war zudem eine Überraschung darüber spürbar, dass die Katholische Kirche sich beim Stadtfest mit einem so tollen Angebot engagiere und zwei Fahrerinnen in die Pedale traten, mit denen man sich über Gott (und den Missbrauch) und die Welt unterhalten konnte, ohne bekehrt zu werden. Ganz nutzerorientiert schrieb ich kurzerhand einen Aufsteller: „Rikscha fahren zum Stadtfest – kostenlos, aber nicht umsonst".

Ich liebe es, Rikscha zu fahren. In den Gesprächen hören wir sehr oft schlechte Erfahrungen heraus, die Menschen mit Kirche gemacht haben. Da gab es die junge Frau, die dankbar war, im Studium endlich aus der Kirche austreten zu können – heimlich, weil ihre Eltern das nicht gutheißen würden. Ein anderer wollte erst gar nicht mitfahren, weil er nicht mit „Kinderschändern" gesehen werden will. Ein Paar, zwei Händchen haltende Männer, bat mich noch eine Extrarunde am Kirchturm entlangzufahren, weil sie sich nicht sicher waren, dass ich als Katholikin keinerlei Probleme mit Schwulen und Lesben habe. Viele Argumente und Ansichten sind meiner Meinung nach durch die zumeist negativen Schlagzeilen in den Köpfen verankert. Aus der Forschung ist bekannt, dass jede Erfahrung prägt und unsere Entschlüsse lenkt. Dabei beeinflusst jeder Berührungspunkt, auch Touchpoints genannt, das innere Bild, das ich mir vom Unternehmen oder der Organisation oder des Gegenübers mache. Was kann ich von diesem Anbieter erwarten? Was traue ich ihm zu? Ist er für mich ein kompetenter dienlicher Player oder nicht? Mit den kostenlosen Rikschafahrten haben wir dem einen oder der anderen eine neue Erfahrung mit Kirche ermöglicht.

Es gelingt, schlechte Erfahrungen aufzubrechen und eine neue Erfahrung mit Kirche zu ermöglichen.

Erfahrungen, die prägen

Es ist sinnvoll, die Berührungspunkte der Menschen und Erfahrungen mit Kirche im eigenen Umfeld zu überprüfen. Das heißt konkret: Wo erleben Menschen eigentlich Kirche und in welchen Situationen? Was nehmen sie war? Welche Erwartungen sind im Raum? Aus welchen Informationsquellen werden sie gespeist?

Der Synodale Weg veranlasste uns, einen „Lady Talk“ ins Leben zu rufen und uns mit Netzwerkpartnerinnen aus der Stadt und Medienwelt über ihre Erfahrungen mit Katholischer Kirche auszutauschen. Die Antworten und Erkenntnisse waren nicht neu – aber aufrüttelnd. Die negativen Erfahrungen bezogen sich durchweg auf die Themen sexualisierte Gewalt gegenüber Schutzbefohlenen, Machtmissbrauch innerhalb des Systems und die Rolle der Frau. Keine der Anwesenden konnte etwas zur „Kirche vor Ort“ sagen, da sie schlichtweg von ihr nichts mitbekamen. Ihr Image von Katholischer Kirche, also das innere Bild, wurde durchweg von negativen Erfahrungen und Bildern gespeist. Erstaunt hat uns die Erkenntnis, dass wir als Citypastoral mit unseren Projekten manche solcher Eindrücke aufgebrochen haben. Eine Kooperationspartnerin vom Lady Talk gab uns das beste Kompliment, das wir nach den anstrengenden Corona-Jahren des Stellenaufbaus erhielten: „Ihr macht mit eurer grandiosen Arbeit mein ganzes Scheiß-Bild von Katholischer Kirche kaputt.“

> **„Ihr macht mit eurer grandiosen Arbeit mein ganzes Scheiß-Bild von Katholischer Kirche kaputt.“**

Auch wenn es mir oft nicht schnell genug geht und es mir so vorkommt, als ob es nur ein Tropfen auf den heißen Stein ist – die direkten Begegnungen mit den Menschen sind das, was mir Mut macht. Dort erlebe ich Gottes

Wirken. Den Abschluss unserer Entdeckungstour bildet also folgende Erkenntnis: Eine am anderen tatsächlich interessierte Haltung macht Gottes Botschaft im Hier und Jetzt erlebbar. Und dass dieses Erleben die Möglichkeit in sich birgt, bislang gemachte Erfahrungen und alte Annahmen zu revidieren. Vielleicht ist das Gottes neue Art, Kirche leben zu wollen. Nicht in den großen Gebäuden und traditionellen Ritualen und Wortlauten – sondern in der kleinen Begegnung zwischen Fahrerin und Passagieren auf einer Rikschafahrt durch die Stadt.

Ein Plädoyer für den Haltungswechsel

Im Laufe der vier Jahre Citypastoral haben wir ein immer besseres Gefühl für unsere Stadt gewonnen. Wir haben gelernt, dass die besten Vorüberlegungen und Analysen stets der Herausforderung Realität standhalten müssen. Gerade die Coronazeit mahnte uns, agil zu bleiben und immer wieder aufs Neue die Zielgruppe und ihre Bedürfnisse zu hinterfragen, die veränderten Herausforderungen der Stadtgesellschaft in den Blick zu nehmen und eine Art „Spürnase" für die tagesaktuellen Themen und Trends zu entwickeln. Nutzerorientierung ist und bleibt ein Lernen – ein Zusammenspiel von Analyse, Ausprobieren, Gelingen, Scheitern und Nachjustieren.

Eine am anderen tatsächlich interessierte Haltung macht Gottes Botschaft im Hier und Jetzt erlebbar.

Die positiven Erfahrungen mit Projekten, wo der Bedürfnisnagel des Nutzers quasi auf den Kopf getroffen wurde, sind natürlich am motivierendsten und machen Lust auf mehr: Das Glockenläuten, das zum gänsehautschaffenden Moment wurde, weil es Menschen nicht den

Schlaf raubte, sondern als es als Ausdruck des „Sturmläutens für das Klima" kirchenübergreifend ertönte. Die Frauenpower-Postkarten aus dem Jahr 2021, die noch heute am gut sichtbaren Klemmbrett meiner Zahnarztpraxis hängt. Das Lächeln des Passanten, der sich mit einem klimafreundlichen Tee-Giveaway beschenken ließ. Eine Kirchengemeinde, die ihren Kirchraum zur Verfügung stellte, damit die Schülerinnen und Schüler der benachbarten Schule mit genügend Abstand Musikunterricht während der strengen Corona-Regelungen machen konnten. Der Elisabethtaler, anfangs eine Spontanidee beim Bewerbungsgespräch, die sich nun als Solidaritätsprojekt in Marburg mehr und mehr etabliert.

> **Nutzerorientierung ist und bleibt ein Lernen – ein Zusammenspiel von Analyse, Ausprobieren, Gelingen, Scheitern und Nachjustieren.**

Auch im Pfarrbüro hat sich etwas geändert. „Ring, Ring, ...", wenn jetzt das Telefon klingelt und eine unbeholfene Assistentin einen Pfarrer ausfindig machen müsste – dann kann sie es auch. Eine Notfall-Telefonliste wurde seit dem damaligen Vorfall angelegt. Denn manchmal brauchen auch die Angestellten eine nutzerorientierte Hilfestellung, um ihrem Auftrag gerecht werden zu können: Was kann ich für Sie tun?

Ich möchte Ihnen Mut machen, sich auf einen Haltungswechsel einzulassen. Verlassen Sie ihren persönlichen und kirchlich verfestigten Selbstverwirklichungsmodus und wagen Sie einen Blick durch die Nutzerorientierungsbrille. Streichen Sie Sätze wie: „Das haben wir schon immer so gemacht" aus dem Vokabular der Entscheidungsbegründungen für Ihre pastoralen Angebote. Nehmen Sie auch negative Erfahrungen ernst. Sie sind Lernorte, um es besser zu machen – um beim nächsten Versuch eine passgenauere Antwort zu entwickeln.

Ich bin davon überzeugt, dass nur mit einer nutzerorientierten Haltung der Mensch wieder in den Mittelpunkt des kirchlichen Tuns rückt. Denn auch Jesus ging es nie um die Kirche als Selbstzweck. Ihm ging es, so wie es in meinem Lieblingstext von Pfarrer und Schriftsteller Carsten Leinhäuser heißt, um die Begegnung Gottes mit dem Einzelnen – der Mutter, dem Kranken, der Frau am Jakobsbrunnen, dem Zöllner, den Kindern, Nikodemus, den Ausgegrenzten, den Losern, den Sündern. „Ganz nebenbei hat er seine Kirche gegründet. (...) Als Think-Tank, um seine Botschaft jeden Tag ins Heute zu übersetzen und weiterzugeben."[2]

Anmerkungen

[1] Diktum, Bischof Klaus Hemmerle, u. a. veröffentlich in: Katholische Arbeitsstelle für missionarische Pastoral Erfurt, KAMP kompakt, Band 4: „Lass mich dich lernen ..." Mission als Grundwort katholischer Erneuerung", 2017.

[2] Carsten Leinhäuser: „Unterwegs im Auftrag des Herrn. Kirche kann ganz anders sein!", 2020.

Der Parkplatz vom Aldi

Hingehen, wo sich das Leben abspielt

Iñaki Blanco

Erntedank vorm Supermarkt

Es ist Samstagmorgen – das erste Oktoberwochenende, ein schöner Herbsttag. Annette und ich haben gerade einen kleinen Erntedank-Informationsstand aufgebaut. Wir haben alles, was wir brauchen: einen Standtisch, mehrere Roll-Ups, eine Beachflag. Wir kamen frühmorgens hier an – auf dem Parkplatz eines Einkaufszentrums, in dem es zwei Supermärkte, eine Bäckerei, eine Drogerie und Bekleidungsgeschäfte gibt. Langsam füllt es sich. Drei Wochen zuvor hatten wir das Unternehmen, das diesen Ort verwaltet, um Erlaubnis gebeten, und etwas überraschend war es uns erlaubt worden, eine kleine Ecke an der Tür eines der Supermärkte einzurichten.

Unsere Idee ist folgende: Wir wollen über das Erntedankfest informieren. Wir sind darauf vorbereitet: Wir haben eine sehr schöne, moderne Postkarte aus gutem Papier und mit provokanten Botschaften. Außerdem haben wir eine Menge Äpfel eines nah gelegenen Bauernhofs dabei. Es ist ein regionales Produkt von guter Qualität und leicht zu essen. Der kleine Aufkleber auf dem Apfel trägt die Botschaft „Gott sei Dank!" Unsere Idee ist es, die Leute anzusprechen, die zum Einkaufen kommen, ihnen den Apfel und die Karte zu geben und vielleicht mit ihnen ins Gespräch zu kommen.

Wir sind sehr motiviert. Ich bin im letzten Jahr meiner

Ausbildung zum Pastoralreferenten und habe gerade angefangen, in der Innenstadt von Hanau in der Citypastoral zu arbeiten, Annette ist 55 Jahre alt und arbeitet in Teilzeit als medizinische Fachangestellte in einer Frankfurter Arztpraxis. Nach längerer Abwesenheit ist sie wieder in die Kirche zurückgekehrt und sucht ihren Platz. Die Idee zu dieser Aktion stammt von ihr, ich fand sie von Anfang an großartig. Unser Vorhaben ist es, aktiv zu sein, auf die Menschen zuzugehen und mit ihnen ins Gespräch zu kommen. In der einen Hand den Apfel, in der anderen die Karte – und mit einem Lächeln im Gesicht begrüßen wir sie.

Unser Vorhaben ist es, aktiv zu sein, auf die Menschen zuzugehen und mit ihnen ins Gespräch zu kommen.

Parkplatzfrust

Nach und nach füllt sich der Parkplatz mit Autos. Die Leute steigen aus, gehen zu den Einkaufswägen und kommen an unserem Stand vorbei. Sie schauen sich an, wie wir die Sachen platziert haben und gehen hinein, um einzukaufen. Viele von ihnen laufen von unserem Stand weg und machen seltsame Bewegungen mit ihrem Wagen, um nicht in unsere Richtung zu kommen.

Die Reaktionen sind unterschiedlich: Einige nehmen die Sachen und gehen in den Laden. Andere sagen direkt, dass sie keine Zeit haben. Viele versprechen am Eingang, dass sie die Sachen auf dem Weg nach draußen nehmen und am Ausgang des Supermarktes sind sie so in Eile, dass sie uns aus dem Weg gehen. Kurzum, wenige Gespräche, viele Allgemeinplätze, einige Ärgernisse, weil man sie nicht schnell vorbeilässt und im Allgemeinen sehr wenig Wirkung. Viele der verschenkten Karten liegen verstreut in den Mülleimern auf dem Parkplatz und auf dem Boden. Die einzigen Personen, die sich für die Aktion interessieren oder zumindest Interesse zeigen, sind Bekannte oder Leute, die uns erzählen, dass sie einer der Kirchen angehören.

Am Ende des Vormittags, nach etwa zwei Stunden auf dem Parkplatz, bauen wir den Stand ab, stecken die übrig gebliebenen Äpfel und die Karten wieder ein. Unsere Gefühle sind sehr widersprüchlich. Wir sind überzeugt, dass wir präsent waren, dass die meisten Leute den Apfel gerne erhalten haben – viele haben sogar das Etikett „Gott sei Dank!" kommentiert. Aber innerlich bleibt ein Gefühl der Müdigkeit zurück und eine gewisse Frustration, dass wir unser Hauptziel nicht erreicht haben.

Kirchliches Mantra: Wir müssen an die Orte gehen, wo die Menschen hingehen, wo sie ihren Alltag leben.

Dorthin gehen, wo die Menschen sind – und dann?

Von Beginn meiner Ausbildung zum Pastoralreferenten an, bei fast jedem Treffen und jeder Schulung, an der ich teilgenommen habe, gab es einen Satz, der wie ein Mantra wiederholt wurde: Als kirchliche Mitarbeiter müssten wir an die Orte gehen, wo die Menschen hingehen, wo sie ihren Alltag leben. Es gibt keinen alltäglicheren Ort als den Parkplatz eines Einkaufszentrums an einem Samstagmorgen und dorthin gingen wir mit unseren Äpfeln, Marketingprodukten und Karten, die von Gott und der Welt sprachen.

Unser Ziel damals auf dem Parkplatz war nicht sehr hochgesteckt, wir wollten mit Menschen in Kontakt kommen, die normalerweise nicht in die Kirche gehen, und über ein christliches Thema in einem nichtkirchlichen

Umfeld sprechen. Das Ergebnis ist, dass der Kontakt hergestellt wurde. Die Reaktionen waren unterschiedlich, viele davon nicht positiv, in ihrer großen Mehrheit gleichgültig. Die Dialoge über das, was wir verkünden wollten, nämlich Gott für die Früchte der Erde zu danken, fanden mit Menschen statt, die eine intensive Beziehung zur Kirche haben, und mit solchen, die in ihren kirchlichen Gemeinschaften sehr aktiv sind. Für alle anderen waren weder das Thema noch der Zeitpunkt noch vielleicht wir als Personen geeignet.

Weder das Thema noch der Zeitpunkt noch vielleicht wir als Personen waren geeignet.

Wenn man sich die Statistiken ansieht, die besagen, dass fast zwei Drittel der in Deutschland lebenden Menschen regelmäßig mit dem Auto zum Einkaufen fahren und dass fast 80 % der Familien mindestens ein Auto pro Haushalt haben, wäre ein Samstagvormittag auf einem Parkplatz eines Einkaufszentrums ein idealer Ort, um Menschen zu treffen und mit ihnen ins Gespräch zu kommen. Aber war es eine geeignete Aktivität, um das von uns angestrebte Ziel zu erreichen?

Die eindeutige Antwort lautet: Nein. Ich kann mir nach einer Aktion wie der oben beschriebenen einreden, dass ich einen gewissen Erfolg hatte, dass die Menschen mich gesehen haben, dass ich einer Dame ein Gemeindeblatt gegeben habe (das im Internet leicht zugänglich ist) und dass Anfänge immer schwierig sind. Tatsache ist jedoch, dass die meisten Leute keine Zeit hatten, mit uns zu sprechen. Wir waren eher ein Ärgernis als eine Lösung. Viele der Menschen hatten keine Lust zu plaudern, sie wollten nur ihre Wocheneinkäufe erledigen und nach Hause gehen, um das Wochenende zu genießen. Andere interessierten sich nicht für das, was wir ihnen anbieten wollten … Wir haben nicht einmal, wie bei anderen Straßenaktionen, darüber diskutiert, wie schlecht die katholische Kirche ist, denn die Menschen, die einkaufen gingen, waren mit etwas anderem beschäftigt. Das Apfelgeschenk fanden sie lustig, viele haben sich bedankt, aber es war auch nicht entscheidend, denn 20 Meter weiter gab es ein Regal voller leckerer Äpfel zu kaufen.

„Dorthin gehen, wo die Menschen sind" – so einleuchtend dieses Mantra und diese Aufforderung klingt, so schwer ist sie doch auch. Denn was bringt es, wenn wir Tage auf dem Supermarkt-Parkplatz verbringen, ohne dass wir Aufmerksamkeit bekommen. Es ist entscheidend zu fragen: Wo ist eigentlich der richtige Ort für Kirche? Und: Wie finden wir ihn?

Wo ist eigentlich der richtige Ort für Kirche? Und: Wie finden wir ihn?

Dem möchte ich hier nachgehen. Und Sie werden merken: Ich bin ganz ehrlich, denn ich erzähle eben nicht nur von Erfolgsgeschichten, sondern auch von Situationen, in denen wir ziemlich frustriert waren.

Einöde am Kaffee- und Kuchenstand

Wir waren weiterhin bestrebt darin, an öffentlichen Orten zu wirken und die Dinge dort mitzugestalten. Ein katholischer Verein aus der Umgebung, der für seine Jugendarbeit bekannt ist, war daran interessiert, auf dem Bürgerfest einen Kaffee- und Kuchenstand einzurichten. Das Bürgerfest ist das wichtigste Volksfest in der Region, bis zu 50.000 Menschen besuchen jedes Jahr die Stadt. Das Fest findet Anfang September statt, das Wetter ist meist schön, aber nicht zu heiß.

Die Idee dieses Vereins war es, durch den Verkauf von Kaffee und Kuchen Geld zu sammeln, um verschiedene

Projekte zu finanzieren, an denen er beteiligt ist. Der Verein war für den Aufbau des Standes mit Kaffeemaschinen, Tischen, Bänken und Kuchentheken zuständig und stellte mir außerdem einen Raum zur Verfügung, in dem ich Informationen über die Pfarrei auslegen konnte, vor allem für die Familien und die Jugendarbeit. Darüber hinaus half er mir bei einem Bastelprogramm, das ich mit den Kindern durchführen wollte. Im Prinzip war es eine Win-Win-Situation für beide Seiten, ich würde dem Verein ein wenig mit den Gebühren und der Vorbereitung helfen, dieser würde mich logistisch unterstützen und mir helfen, Leute anzulocken, die Kaffee und Kuchen wollten.

Man stellt sich vor, dass es funktionieren muss, aber trotzdem stellt sich der große Erfolg nicht ein.

Der uns von der Stadt zugewiesene Platz lag ganz in der Nähe der Hauptbühne, zwar etwas weit weg vom Kinderbereich, wo die Familienaktivitäten stattfanden, aber da er sich in der Nähe der Bühne befand, auf der die Gruppen tanzten, sangen oder musizierten, war es ein guter Platz für uns. Ich wollte den Samstag von mittags bis abends gegen 18:00 Uhr dort verbringen. Der Verein hatte eine Menge Kuchen gekauft und Kaffeemaschinen gemietet, alles sah ziemlich professionell aus.

Es ist Samstagnachmittag, das Wetter ist schön, die Stimmung gut, Kaffee und Kuchen sind günstig, aber lecker, rundherum ist Stimmung, wir haben ein Kinderprogramm. Es ist das Idealbild eines Gemeindefestes. Man stellt sich vor, dass es funktionieren muss, aber trotzdem vergehen die Minuten, ohne dass sich der große Erfolg einstellt. Weder der Kuchenverkauf zur Finanzierung der Projekte noch die Gespräche mit den Menschen kommen in Fahrt.

Nur irgendwo dabei zu sein, ist zu wenig

Was war passiert? Wir dachten, wir hatten alle Elemente, um die Ziele, die wir uns gesetzt hatten, zu erreichen. Hätten wir das Angebot in ein kirchliches Umfeld verlegt, wie ein Gemeindefest nach der Sonntagsmesse, wäre das Ergebnis anders ausgefallen. Die Großeltern wären gekommen, die Familien hätten ein Stück Kuchen gekauft und die Kinder hätten an dem coolen Programm teilgenommen. In einem geschützten Rahmen, in der Gemeinde, unter Menschen, mit denen man sich wohlfühlt, wäre es ein Erfolg gewesen. Wir hätten einen angenehmen Moment miteinander geteilt, wir hätten uns wahrscheinlich darüber beschwert, dass in den vergangenen Jahren mehr Leute da waren, wir hätten über einige Witze des Priesters gelacht und wir wären glücklich und mit einem vollen Magen und einer friedlichen Seele nach Hause gegangen.

Hätten wir das Angebot in ein kirchliches Umfeld verlegt, wäre das Ergebnis anders ausgefallen.

Aber in diesem Fall, vor der Hauptbühne des Bürgerfestes, läuft es ganz anders. Es ist sehr laut, deshalb ist die Kommunikation schwierig. Es ist ziemlich heiß und die Leute haben keine Lust auf heißen Kaffee, also gehen sie zu dem Stand des Rudervereins, um kalte Getränke zu trinken. Die Zuschauer beobachten das Geschehen auf der Bühne und begeben sich dann schnell in ruhigere Bereiche, wo sie etwas essen können, und so vergehen die Stunden, während wir den Staub um uns herum einatmen.

Es gab zwar den ganzen Tag über schöne Momente und wir trafen interessante Menschen mit unglaublichen Geschichten. Aber ich denke, es ist wichtig, sich die Frage zu stellen: Hat es sich wirklich gelohnt?

„Lass uns da unbedingt mitmachen“ oder „Klar sind wir mit an Bord“ – wenn das Mantra, dass Kirche bei den Menschen sein soll, sich in Aktionismus äußert, wird es oft gefährlich. Denn dann kommt die Frage, ob es sich überhaupt lohnt, unter die Räder. Man ist halt dabei, um dabei zu sein. Aber wozu eigentlich? Was sind die Ziele, die man selbst erreichen möchte?

Nur irgendwo dabei zu sein – das ist zu wenig. Einen Stand auf einem Volksfest zu haben, ohne etwas Interessantes anzubieten – das ist zu wenig. Nur ein kleines Bastelprogramm an einem Ort anbieten, der viele interessantere Angebote hat – das ist zu wenig. Dinge zu wiederholen, die anderswo schon erfolgreich waren – das ist zu wenig. Aktivitäten, die wir normalerweise in den Gemeinden machen für eine Veranstaltung in einem säkularen Umfeld zu kopieren – das ist zu wenig. Sich selbst davon zu überzeugen, dass man seine Arbeit gut macht, nur weil ein paar Leute aus der Gemeinde, die einen gesehen haben, einem sagen, wie innovativ man sei – das ist zu wenig. Zu glauben, dass ein cooles Foto für Instagram alles in Ordnung bringt – das ist zu wenig.

Wenn das Mantra, dass Kirche bei den Menschen sein soll, sich in Aktionismus äußert, wird es oft gefährlich.

Steht das Ergebnis unserer Aktionen auf der Straße, mit denen wir versuchen, Menschen zu erreichen, im Verhältnis zu der investierten Zeit und den eingesetzten Mitteln? Und in diesem Fall, wie auch im vorherigen, ist die Antwort negativ. Was waren unsere Fehler? Offensichtlich war der Standort des Standes nicht ideal für das, was wir anboten. Aber grundsätzlich denke ich, dass es ein Fehler war, zu denken, dass Dinge, die im geschützten kirchlichen Umfeld funktionieren, auch in anderen Kontexten wie einem Fest dieser Art funktionieren würden. Wahrscheinlich wird dies in unserer Gesellschaft sogar als altmodisch und sinnlos empfunden.

Ansprechbar im Einkaufszentrum

Ich habe oft das Gefühl, dass die Gesellschaft um mich herum und meine Arbeit in der Kirche eine gemeinsame Welt haben, einen gemeinsamen physischen Raum, aber unterschiedliche Rhythmen und unterschiedliche Zeiten. Ein deutliches Beispiel ist für mich die Fastenzeit. Wenn man sich meinen Arbeitskalender Monate im Voraus ansieht, sind die Wochen vor Ostern voll von Aktivitäten, Treffen, liturgischen Feiern, Glaubenskursen, Gebetstagen und Einkehrtagen mit verschiedenen Gemeindegruppen. Wie viele Dinge planen wir für diese wichtige Zeit? Wir bemühen uns, einen Großteil unserer Aktivitäten auf die 40 Tage vor Ostern zu konzentrieren, sowohl in der „traditionellen" Pastoral als auch in meiner Arbeit in der Citypastoral. Ich weiß nicht, ob es an dem Zeitdruck liegt und dem Druck, diesen Monaten einen christlichen Sinn zu geben, aber die Tendenz geht oft dahin, unsere Aktivitäten auf diese Tage zu konzentrieren und die vorherigen Tage ein wenig zu vergessen. Auf diese Weise entstand auch das Projekt „Ansprechbar" im „Forum" in Hanau. An einem Mittwoch und zwei Samstagen wollten wir die Fastenzeit und ihre Bedeutung an einen neuen Ort bringen: in ein Einkaufszentrum in der Innenstadt. Es sollte ein Programm mit Musik, verschiedenen Aktivitäten, einem bunten Sofa und einem Kinderprogramm geben. Der Start sollte am Aschermittwoch sein, das Ende an Karsamstag. Dieses Projekt wollte ich nicht allein durchführen, sondern plante es in Kooperation mit meinem lieben Kollegen von der evangelischen Kirche.

Gemeinsamer Raum – unterschiedliche Rhythmen und Zeiten.

Das Einkaufszentrum „Forum" meinte es sehr gut mit uns. Uns wurde eine der Verkaufsflächen zur Verfügung gestellt, wir mussten keine Miete zahlen und durften alle Räumlichkeiten mitbenutzen. Das „Forum" befindet sich im Stadtzentrum von Hanau, in der Nähe des Marktplatzes und ist mit etwa 3 Millionen Besuchern pro Jahr zweifellos der meistbesuchte Ort in dieser kleinen Stadt. Die Möglichkeit, mit dem „Forum" zu kooperieren, ist immer eine Garantie dafür, dass die Dinge, die man tut, zumindest ein potenzielles Publikum erreichen.

In diesem Sinne starten wir am Aschermittwoch dieses neue Projekt: ein bisschen Musik, ein bisschen Kaffee, einige Gäste aus beiden Kirchen und sogar der Radiosender kommt, um uns zu interviewen. Natürlich gibt es auch Asche für das „Aschenkreuz to go". Die erste Stunde läuft gut, die Gäste sind gut gelaunt, unsere Chefs finden die Idee toll. Wir machen Fotos für unsere Netzwerke, Webseiten und die lokale Presse. Die zweite Stunde verläuft etwas anders ... Lust und Zeit zum Reden haben nur einige ältere Leute. Die wenigsten Menschen wissen, dass die Fastenzeit beginnt, und wenn man darüber spricht, fühlen sich die Leute unwohl, weil sie sich aus dem Zusammenhang gerissen fühlen oder es ihnen peinlich ist, ihre Unwissenheit zu diesen Themen zu zeigen.

Die wenigsten Menschen wissen, dass die Fastenzeit beginnt, und wenn man darüber spricht, fühlen sich die Leute unwohl.

Samstags mit dem Kinderprogramm läuft es besser. Das Kinderprogramm ist nicht sehr originell, aber es ermöglicht uns, mit den Familien in Kontakt zu treten und ein wenig zu reden. Das Sprechen über die Fastenzeit und das Verteilen der Flyer mit den Oster-Gottesdiensten der Gemeinden sind immer noch nicht sehr erfolgreich. Einige eher traditionelle Gemeindemitglieder beschweren sich beim Pfarrer darüber, dass wir in der Fastenzeit bereits bemalte Eier verschenkt haben.

Wie wichtig ist die Fastenzeit?

Hanau, mit einer christlichen Bevölkerung von 38 % und knapp 20 % Katholiken, mit vielen jungen Menschen und Familien aus aller Welt, multikulturell und multireligiös. Für die meisten Besucher hatte die Fastenzeit nicht nur nicht den hohen Stellenwert, den wir ihr beimessen, sondern das Wort selbst bedeutete für viele, vor allem für die Jüngeren, nichts. Selbst einige Christinnen und Christen waren sich über die Konzepte der Fastenzeit nicht im Klaren.

Ich bin überzeugt davon, dass der Ort geeignet war und dass die Dinge gut vorbereitet waren. Trotzdem waren viele Gespräche nicht sehr angenehm, die Menschen fühlten sich nicht wohl und es war sehr schwierig, tiefe und sinnvolle Dialoge zu führen. Ich weiß, das klingt nach einem recht hohen Anspruch, aber immerhin ging es ja um die Fastenzeit und die Besinnung auf ein gutes Leben.

Ich habe mich mit unterschiedlichen Menschen über die Aktion im Einkaufszentrum ausgetauscht und mir wurde Folgendes klar: Wir haben hier angenommen, dass ein Thema, das für uns sehr wichtig ist, automatisch relevant für die Menschen ist. Der Fehler war ganz einfach: Wir sind von UNS ausgegangen. Und nicht von dem, was Menschen an dem Ort wichtig ist, an den wir uns begeben.

> **Der Fehler: Wir sind von UNS ausgegangen. Und nicht von dem, was Menschen an dem Ort wichtig ist, an den wir uns begeben.**

Wir, die wir von der Bedeutung der Fastenzeit überzeugt sind, versuchen mit unseren klar umrissenen Vorstellungen, unsere Botschaft zu den Menschen zu bringen. Aber für die haben viele dieser Elemente der Religiosität, die in früheren Generationen so wichtig waren, an Wert und Bedeutung verloren. Ähnlich verhält es sich mit dem

Advent und der Menge an Botschaften, die wir vermitteln wollen, und den vielen Dingen, die wir vorhaben.

Aber muss ich angesichts dessen, was beschrieben wurde, die Hoffnung aufgeben? Ist es nicht möglich, die Frohe Botschaft Jesu auch in nichtkirchlichen Kreisen zu verkünden? Ich bin überzeugt, dass das möglich ist. Ich habe es erlebt. Ein Großteil meiner Arbeit geht in diese Richtung. Aber ich habe gelernt, dass ich die richtigen Umstände brauche. Ich möchte ein Beispiel anführen, das sich im selben Einkaufszentrum abspielt wie das gerade beschriebene Projekt.

Freundschaftsbänder

Es stimmt schon, dass wir eine gewisse Hartnäckigkeit haben und auch brauchen. Monate nach dieser Erfahrung im Einkaufszentrum „Forum" sind wir immer noch davon überzeugt, dass, wenn es einen Ort in Hanau gibt, an dem wir als Citypastoral sein müssen, es das „Forum" ist. Eher spontan und nach der Rückkehr aus dem Urlaub planten wir erneut eine „Ansprechbar" im „Forum", am gleichen Ort wie zuvor. Das ist eine kirchliche Präsenz auf der Aktionsfläche des Einkaufszentrums. Im Vordergrund stand diesmal der Wunsch, zu reden und den Kindern und ihren Familien beim Basteln zu helfen. Martina, eine Erzieherin, wollte uns helfen und mit den Kindern schöne, sehr einfache Armbänder mit Perlen und Buchstaben oder christlichen Symbolen herstellen.

Wir haben eine gewisse Hartnäckigkeit und brauchen sie auch.

Das Erste, was uns auffällt, ist, dass mehr Menschen als sonst da sind. Die Tiefgarage und die Umgebung sind voller Familien mit Kindern. Unser Platz liegt in der Nähe mehrerer Bekleidungsgeschäfte, einer Buchhandlung und eines Schreibwarenladens. Unsere beiden Tische füllen sich mit Kindern und Familien, die zu Fuß kommen. In wenigen Minuten nähern sich Kinder zwischen vier und neun Jahren und beginnen, Freundschaftsbänder zu knüpfen. Einige Eltern bleiben dabei und warten, viele lassen sie bei uns und gehen in die Geschäfte nebenan, um einzukaufen.

Wir haben nichts Besonderes gemacht, es ist nur das Wochenende vor Schulbeginn in Hessen und die Familien sind in das Zentrum gekommen, um die letzten Einkäufe zu erledigen. Sie sind also sehr dankbar für unsere Aktion – entweder, weil sie sich vom Einkaufsstress erholen und etwas mit ihren Kindern tun können, oder, weil sie, während die Kinder beschäftigt sind, in Ruhe zum Schreibwaren- oder Bekleidungsgeschäft gehen können.

Wir hören uns die Sorgen und das Glück vieler Menschen an, wir betreiben Seelsorge in einem völlig anderen Umfeld als sonst.

Während die Kinder beschäftigt sind, habe ich die Möglichkeit, mit den Eltern oder Großeltern zu sprechen. Meist handelt es sich um Smalltalk, das Wetter und die Anzahl der Leute, die heute da sind. Einige Gespräche dagegen gehen tiefer, es geht um die Stadt oder die Schwierigkeit, einen Platz in der Kita zu bekommen. Menschen berichten von Wohnungs- oder beruflichen Problemen. Sie erklären, wie sie leben, woher sie kommen und erzählen von ihren Familien in den Herkunftsländern oder auch von der Freude der Familie, deren Kind zur Schule kommt, und von der Großmutter, die für diesen Moment extra aus Polen angereist ist. Es geht um Themen, die die Menschen beschäftigen. Wir hören uns die Sorgen und das Glück vieler Menschen an, wir betreiben Seelsorge in einem völlig anderen Umfeld als sonst.

Die Botschaften und die Symbole auf den Perlen der Armbänder, die die Kinder basteln, tragen sogar dazu bei, dass Gespräche manchmal in eine religiöse Richtung führen: Es geht etwa um die Taufe, darum, dass einige eritreische Familien orthodox sind, aber gelegentlich in die katholische Kirche gehen, darum, dass jemand plant, zur Segnung zu Beginn des Schuljahres in die Kirche des Zentrums zu gehen ... Zwei Frauen erhalten Broschüren von der Caritas zwecks Deutschkursen und eine andere Mutter eine der Familienbildungsstätte wegen der Krabbelgruppen.

Zur richtigen Zeit am richtigen Ort

Ein einfaches Angebot, das den Angesprochenen nützlich ist.

Was war der wesentliche Unterschied zwischen dieser letzten Erfahrung und den vorherigen? Was hat den Erfolg ausgemacht? Überraschend: Dieses Projekt erforderte das geringste Budget. Die Räumlichkeiten waren bereits eingerichtet, die Materialien nicht sehr teuer und Martina nur eine einzige Freiwillige. In dieser Hinsicht war es ein sehr einfaches Projekt.

Aber wir haben zwei wesentliche Dinge richtig gemacht. Das Erste war, zur richtigen Zeit am richtigen Ort und in der richtigen Stimmung zu sein. Das „Forum" (ein gut vorbereiteter Ort) an einem Samstagnachmittag vor Beginn des neuen Schuljahres (Familien in Scharen) in Kombination mit großer Freude an der Arbeit bot eine gute Grundlage.

Das Zweite, was wir richtig gemacht haben, war das Angebot, das wir den Menschen gemacht haben. Das war der entscheidende Punkt. Es war ein einfaches Angebot, das den Angesprochenen nützlich ist. Eine Postkarte und ein Apfel in der Nähe eines Supermarktes sind es nicht, aber die Möglichkeit, das Kind während des Einkaufs beaufsichtigen zu lassen, schon.

Das bedeutet auch, dass Kirche die Rhythmen der Stadt und ihrer Menschen zu akzeptieren lernen muss, denn sie stimmen nicht immer mit denen der Kirche überein. Vielleicht ist ein Sonntag, an dem die Geschäfte geöffnet sind, ein guter Zeitpunkt, um anwesend zu sein, und nicht die Fastenzeit. Ich denke, wir sollten diese Gelegenheiten nutzen, um uns in das Leben der Stadt zu integrieren, uns ihrem Rhythmus anzupassen und die Menschen, die hier leben, nicht von einem Sockel moralischer Überlegenheit aus zu beurteilen, der niemanden mehr interessiert.

> **Es reicht nicht aus, dorthin zu gehen, wo Menschen sind, sondern ich muss Dinge anbieten, die sinnvoll sind und benötigt werden.**

Ich habe am Anfang des Kapitels die Frage gestellt: Wo ist eigentlich der richtige Ort für Kirche? Und: Wie finden wir ihn?

Nach den Odysseen, die wir erlebt haben, kann ich klar formulieren: Es reicht nicht aus, dorthin zu gehen, wo Menschen sind, sondern ich muss Dinge anbieten, die sinnvoll sind, die unsere Zeitgenossen wirklich benötigen.

Was ich in den letzten Absätzen gesagt habe, scheint einfach zu sein, aber es erfordert, die Menschen zu beobachten, die in unseren Städten leben, und ihnen zuzuhören, und nicht unbedingt denjenigen, die den ganzen Tag in der Sakristei verbringen.

Es ist auch notwendig, zu versuchen und zu scheitern, aus Fehlern zu lernen und zu akzeptieren, wenn etwas nicht funktioniert. Ohne Fehler gibt es keine Chance auf Erfolg, wie Michael Jordan sagte: „Ich habe in meiner Karriere mehr als 9.000 Würfe danebengeworfen. Ich habe fast 300 Spiele verloren. 26-mal hat man mir zugetraut, den Wurf zu machen, der ein Spiel gewinnen würde, und ich habe ihn verfehlt. Ich habe in meinem Leben immer wieder versagt, und das ist der Grund für meinen Erfolg."

Ich bin überzeugt: Wenn wir es zulassen, dass wir Fehler machen und gleichzeitig auch immer die Lehren daraus ziehen, können wir überzeugend auftreten und ganz neu für Kirche begeistern.

Gott auf der Tanzfläche

Kulturoptimismus als Haltung

Bernadette Wahl

Zwei Welten – ein Gott

„Hör gut zu, du bist mein Glück" – beim Pur-Party-Hitmix zieht es auch die größten Tanzmuffel zum Foxtrott auf die Tanzfläche. Es ist ein Uhr nachts auf einer Dorfparty „im Saal" in meinem Heimatort. Ich bin 17 Jahre alt und die Stimmung ist grandios. Alle meine Freunde sind da, es gibt an dem Abend irgendwie keinen Zickenkrieg, keine Beziehungskrise und keiner hat zu tief ins Glas geschaut. Dass der Boden klebt, stört niemanden. Nein, es wird getanzt und gelacht. Schlager werden laut und herzhaft mitgesungen. Ich grinse ein bisschen in mich rein – es ist herrlich. Plötzlich trifft mich ein Gedanke: Vor genau einer Woche um die gleiche Uhrzeit war ich am gleichen Ort gewesen. Ich war aber nicht für eine Party da, sondern zur Vorbereitung eines christlichen Jugendfestivals. Ja, genau vor einer Woche hatte ich am gleichen Ort und auch zu ähnlich später Stunde noch mit meinen christlichen Freunden gebetet. Nicht so ein stilles Gebet, wie man das sonst von der Kirche kennt. Wir haben Lobpreis gemacht – also Gebet in Musik verpackt. Für mich war das Gebet an dem Abend sehr wichtig gewesen. Ich hatte das Gefühl, dass meine Zukunftsangst und die schwierigen Entscheidungen, die nach meinen Abitur-Klausuren anstehen würden, bei Gott irgendwie in guten Händen sind. Das hatte mich sehr getröstet und mir Sicherheit gegeben.

Zurück zur Party: Während Hartmut Engler seinen Hitmix singt, schaue ich in die fröhlichen Gesichter um mich herum. Und ich frage mich: Wo ist eigentlich der Unterschied zur letzten Woche? Ist es nicht das, was Gott auch will? Lebendigkeit und Freundschaft?

Ich denke noch oft an diesen Moment zurück. Er hat zwei Welten meines Lebens miteinander verknüpft, die ich vorher nicht zusammengebracht hatte. Es war mir schon klar, dass Gott nicht nur in der Kirche erreichbar ist und dass es eigentlich auch in der Kirche erlaubt ist, fröhlich zu sein. Aber, dass ich erfahre, dass Gott bei einer Party nicht draußen bleibt, sondern sich genauso an allem freut, wie ich – das war für mich neu. Meine Erkenntnis ist eigentlich schrecklich einfach: Gott ist überall und nicht nur in der Kirche. Und Gott hat nichts gegen Spaß und Lebensfreude – ganz im Gegenteil. Warum hatte mir das bisher niemand so richtig erklärt? Ja, irgendwie war mir das in meinen 17 Jahren inklusive katholischer Initiation durch Taufe, Firmung und co. nicht klar geworden.

Gott ist überall und nicht nur in der Kirche. Und Gott hat nichts gegen Spaß und Lebensfreude – ganz im Gegenteil.

Die folgenden Geschichten sollen zeigen, was passiert, wenn wir von Gott zu klein denken. Das ist leicht und passiert oft so nebenbei. Ja, sie sollen ein kleines bisschen unruhig machen. Noch lieber wäre es mir, wenn sie anspornen und inspirieren würden. Denn: In diesem Kapitel geht es darum, dass Gott sich nicht nur in religiös geprägten Kontexten aufhält, sondern überall zu finden ist. Es geht auch um meinen Lernprozess. Ich habe gelernt, dass Gott nicht nur wirkt, wenn Weihrauch angezündet ist, Kerzen brennen und ein Pfarrer spricht, sondern eben auch auf Konzerten, auf dem Fußballfeld, beim Friseur, in der Physiopraxis oder im Kino. Und das hat mein Leben verändert.

Heilige Nacht

Es ist dunkel, die Welt wartet auf den ersten Schnee und das gemeindliche Blasorchester bereitet sich auf das Konzert im Advent vor: „Stille Nacht, heilige Nacht am DRITTEN Advent?“ – ich höre die große Empörung direkt mit. Das geht nicht. Manche Orchester und Chöre werden die Diskussion mit dem örtlichen Pfarrer für das Konzert des Musikvereins im Advent kennen. Es scheint lediglich zwei Optionen zu geben: erlaubt und nicht erlaubt. Kirchliche Lieder prägen die Liturgie über das Kirchenjahr – und das ist gut. Was mich daran nicht loslässt, ist der Gedanke: Was sagt es über uns als Christinnen und Christen aus, wenn wir es nicht aushalten, dass Stille Nacht nicht ausschließlich an Heiligabend gesungen wird oder mal ein Lied nicht ganz in die liturgische Zeit passt? Wie oft wurde ich schon darauf hingewiesen, dass meine Liedauswahl nicht korrekt gewesen sei. Nicht nur in der Liturgie gibt die Kirche klare Regeln vor, wie Christinnen und Christen ihr Leben gestalten sollen. Es geht um alle Lebensbereiche im Kleinen und Großen. Und es gibt immer nur diese zwei Alternativen: richtig und falsch – erlaubt und verboten.

Was passiert eigentlich, wenn das Leben „krumme“ Zeilen schreibt?

Was passiert eigentlich, wenn das Leben „krumme“ Zeilen schreibt? Was passiert mit den Menschen, die sich laut christlich definierter Regeln im „Falschen“ bewegen oder „Verbotenes“ tun? Was ist mit der alleinerziehenden Mutter, die ausgetreten ist und ihr Kind trotzdem zur Kommunionvorbereitung bringt? Was ist mit den vielen Menschen, die zwar noch Kirchenmitglied sind, aber nicht mehr regelmäßig in den Sonntagsgottesdienst gehen? Was ist mit dem mehrfach geschiedenen Mann, der im Pfarrgemeinderat mitarbeiten möchte? Was ist mit den ausgetretenen Nachbarn, die trotzdem ihr Kind taufen lassen wollen? Ist Gott diesen Menschen weniger nahe als denen, die sich an alle Regeln halten?

Es reicht nicht, die Welt in erlaubt und verboten oder in gut und schlecht einzuteilen. Gott muss größer sein.

Meine erste Erkenntnis: Es reicht nicht, die Welt in erlaubt und verboten oder in gut und schlecht einzuteilen. Gott muss größer sein. Er will allen Menschen nahe sein. Und aus der biblischen Erfahrung will er wahrscheinlich denen am meisten nahe sein, die am weitesten von „seinen" Regeln abweichen. Mit der nächsten Geschichte wage ich mich ein Stück weiter raus aus der kirchlichen Umgebung.

Harry Potter und Jesus

Das erste Buch der Potter-Reihe wird in diesem Jahr 26 Jahre alt. Ich bin mit Harry groß geworden. Er ist ein paar Jahre älter als ich. Obwohl ich keine Leseratte bin, habe ich monatelang gewartet, bis ein neues Buch rauskam, und habe es dann in wenigen Stunden verschlungen. Das ist mir am Anfang nicht leichtgefallen, denn in meiner katholischen Erziehung war klar: Zauberer, Magie und Flüche sind gefährlich. Leider bleibt es bei der Beurteilung in „schlecht" und „gefährlich" nicht stehen. Mich hat es viele Jahre verwirrt und beschäftigt, dass diese faszinierende Geschichte über Freundschaft, Familie, Herkunft, den Kampf um das Gute und über Hingabe durch die Verantwortlichen in meiner Heimatgemeinde kritisch gesehen wurde. Es hingen Aushänge in unserer Kirche, die Gefahren von Harry Potter auflisteten. Ich habe dann meinen Heimatpfarrer zum Harry Potter Schauen eingeladen. Er ist sogar gekommen und wir haben uns darüber ausgetauscht. Wir sind uns nicht einig geworden. Die Angst vor Harry Potter hat in verschiedenen christlichen Szenen zu Konflikten und Spaltungen geführt. Dabei hätte die Geschichte des Zauberers großes Potenzial gehabt, junge Menschen und ihre Themen in einer zugänglichen und attraktiven Bildsprache zu thematisieren. Jesus und Harry sind sicher nicht in allem vergleichbar und doch verbindet sie so einiges. Im Studium habe ich mitbekommen, dass jemand eine Bachelorarbeit über die Erlösermotive in Harry Potter geschrieben hat und fand den Gedanken versöhnend. Harry Potter hatte mir nämlich gezeigt, was es bedeutet, sein Leben für andere hinzugeben.

Wir sollten nicht vorschnell urteilen, was für unseren Glauben hilfreich ist und was nicht, nur weil es nicht nach Kirche aussieht.

Unsere zweite Erkenntnis: Wir sollten nicht vorschnell urteilen, was für unseren Glauben hilfreich ist und was nicht, nur weil es nicht nach Kirche aussieht. Und wer sind wir, dass wir darüber endgültig urteilen könnten. Die bewegende Geschichte von Harry Potter hat Generationen weltweit inspiriert. Es geht nicht darum, alles zwanghaft toll finden zu müssen, sondern Gottes Wirken nicht von vornherein auszuschließen. Anzeichen für das Wirken Gottes können zum Beispiel die Früchte des heiligen Geistes sein. Wenn wir also ein mehr an Liebe, Freude, Frieden, Freundlichkeit, Güte usw. erkennen können, ist Gott nicht weit weg. In der ignatianischen Spiritualität wird in dem Sinn von „Gott in allen Dingen finden" gesprochen.

Auf meinem Weg war diese Erkenntnis enorm wichtig. Denn mein Glauben lebt jetzt nicht mehr nur im religiösen Bereich. Seitdem ist mein Glaube viel geerdeter und weniger verträumt. Gott hat was mit meinem Leben zu tun. Er ist mit mir im Handballtraining, bei Konzerten und er inspiriert mich durch Podcasts. Im nächsten Beispiel geht es darum, wie das konkret gehen kann: Gott in anderen Menschen zu finden.

Was andere bewegt

Wissen Sie noch, was Snapchat ist? Und wie man es schafft, dort 467 Flammen zu generieren? Die Flammenzahl sagt, an wie vielen konsekutiven Tagen Sie sich mit der anderen Person jeweils ein Foto hin und zurück geschickt haben. Wenn Teenager Streit miteinander haben, schicken sie sich oft trotzdem ein schwarzes Foto, um die Flammen nicht kaputt zu machen. Denn ein Tag reicht schon, um alles wieder zu löschen. Und kennen Sie noch den „Floss-Dance" aus Fortnite, den vor ein paar Jahren alle Kids konnten. Dabei gehen die Arme schnell hin und her um die Hüfte. Ich habe vier Jahre in der Schülerseelsorge arbeiten dürfen und habe dabei tausende Schülerinnen und Schüler auf Tagen religiöser Orientierung kennengelernt. Im Nachhinein kann ich sagen, dass es keine bessere Methode zum Beziehungsaufbau gibt, als sich für sie und ihre Themen zu interessieren. Ich habe mir tausende Male Snapchat und Fortnite erklären lassen. Und ich wusste irgendwann alles über „Paw Patrol", beliebte und unbeliebte Lehrerinnen und Lehrer, wer in wen verliebt ist und welche Eltern grade „hart stressen".

Es gibt keine bessere Methode zum Beziehungsaufbau, als sich für die Schülerinnen und Schüler und ihre Themen zu interessieren.

Ich bin ehrlich: Fortnite habe ich in meinem Leben nur einmal gespielt und fand es auch nicht so abgefahren toll, dass ich es weiter gemacht hätte. Ich habe keine Ahnung, wie die süßen Polizeihunde von Paw Patrol genau heißen. Und ich muss es auch nicht wissen. Mir hat es gereicht, dass die Kinder beziehungsweise Jugendlichen sich dafür begeistern können. Sie haben daran oft so viel Gefallen gefunden, dass ich rausfinden wollte, was sie daran fasziniert. Manche der Jugendlichen fanden den Team-Geist bei Fortnite attraktiv, manche die Strategie, andere schauten lieber den internationalen Profis auf „Let's plays“ auf Youtube zu. Es ist erstaunlich, wie intensiv sich Jugendliche mit etwas auseinandersetzen, wenn sie einmal Feuer gefangen haben.

Wir können Gott in diesen lebendigen Punkten in anderen Menschen begegnen, indem wir sie verstehen lernen.

Unsere dritte Erkenntnis: Jeder Mensch brennt für etwas. Leidenschaften, Interessen und Hobbies sagen sehr viel über Menschen aus. Sie zeigen, nach was sie sich sehnen, wo sie sich wohlfühlen, von was sie träumen und unter was sie leiden. Wir können Gott in diesen lebendigen Punkten in anderen Menschen begegnen, indem wir sie verstehen lernen.

In der Citypastoral gehen wir oft mit kleinen Inspirationen auf die Straße und kommen mit Passanten ins Gespräch. Mein Tipp: Wenn Sie etwas Neues von jemandem erklärt bekommen, bleiben Sie neugierig, fragen Details nach und lassen Sie sich beschenken von der Freude, die ihr Gegenüber für die aufrichtige und achtsame Aufmerksamkeit mitbringt. Wenn wir mit Gott in anderen Menschen und anderen Formen rechnen, dann sind es nicht mehr wir Christinnen und Christen, die ihren Glauben „in Päckchen packen“ und an „die Menschen“ weitergeben.

Wir werden in der Begegnung selbst zu Beschenkten, von dem, was uns die Menschen anvertrauen.

Die nächste Geschichte treibt den Gedanken, dass Gott im Fremden ist, weiter an einen Punkt, der unangenehm ist. Ich sag es ehrlich: Mir fällt es oft schwer.

Kulturoptimismus nach innen

Es ist Corona und es ist normal geworden, dass sich die Priester vor der Kommunionausteilung die Hände desinfizieren. Ich bin in einer Gemeinde zum Gottesdienst, von der ich weiß, dass hier viele traditionell-konservative Menschen hingehen. Während der Kommunion fällt mir auf, dass einige Gläubige nicht zur Kommunion gehen. Komisch – das ist sonst anders hier. Nach dem Schlusssegen klärt sich die Situation. Die, die nicht zur Kommunion gegangen waren, laufen langsam und andächtig zum Tabernakel und knien sich hin. Der Priester spendet ihnen die Mundkommunion und desinfiziert sich vor jedem neuen Menschen erneut die Hände. Ich bin ehrlich: In dem Moment war ich ziemlich genervt davon. Ich habe mich angegriffen gefühlt von dem Verhalten. Alle möglichen Gedanken schossen mir durch den Kopf: Halten die sich für etwas Besseres? Schauen sie auf mich herab, weil ich Gott nicht „so ernst“ nehme wie sie? Trauen sie Gott nicht zu, dass er in dieser besonderen Situation cool damit ist, dass sie die Hostie mit ihren Händen berühren dürfen? – Diese Gedanken sagen mehr über mich aus als über die, die zur Mundkommunion gegangen sind. Niemand von ihnen ist zu mir gekommen und hat mich belehrt darüber, dass ich etwas

Ich bin ehrlich: Ich war ziemlich genervt.

falsch gemacht habe. Niemand hat mein Verhalten infrage gestellt oder korrigieren wollen.

Unsere vierte Erkenntnis: Wenn Gott im Fremden und überall sein kann, dann betrifft das nicht nur Sachen außerhalb der Kirche. Es gibt auch innerhalb der Kirche Dinge, die mir persönlich fremd sind und bei denen ich schauen muss, dass ich nicht diejenige bin, die das Handeln Gottes im Vorhinein ausschließt, nur weil ich es nicht verstehe, anders sehe oder brauche.

Wenn ich mit Abstand drüber nachdenke, ist es mir ein bisschen peinlich. Ich war erschrocken, wie schnell ich selbst ins Urteilen abgerutscht war. Die Urteils-Kultur sitzt tief und betrifft auch mich. Ich bin aufgewachsen mit diesem Denken und es ist nicht leicht, das zu verändern. Ich muss loslassen lernen. Das ist mir sehr wichtig, auch wenn es mir schwerfällt. Denn: Ich will genug Raum haben und geben für das, was andere für schön und gut halten. Gott überwindet Fremdheit – egal, ob es die Kulturszene in meiner Stadt, Harry Potter oder die traditionellen Christinnen und Christen sind, die mir fremd erscheinen.

Wenn Gott im Fremden und überall sein kann, dann betrifft das nicht nur Sachen außerhalb der Kirche.

Der Tipp im nächsten Abschnitt kann bei dem Prozess des Loslassens sehr hilfreich sein.

Großzügig gute Gründe annehmen

Es ist kurz nach 11 Uhr an einem Samstag im Mai. Der erste richtig warme Tag im Jahr und die Citypastoral in Fulda ist mit dem gelben E-Lastenroller unterwegs. Dieses Mal haben wir Schnittblumen besorgt, die wir an Passanten verschenken wollen. Ein kleiner und schöner Anlass für ein Gespräch. Unsere Liegestühle sind aufgebaut, aus der Box klingt fröhliche Pop-Musik und die Menschen strömen in die Stadt. Manche bummeln, manche treffen Freunde oder schauen sich die Stadt an. Die ersten Begegnungen laufen ganz gut. Ein Ehepaar aus Bamberg erzählt, dass sie einmal im Jahr nach Fulda kommen, um ihre Nichte zu besuchen und später mit ihr essen gehen werden. Zwei junge Frauen freuen sich sehr über die Blumen, denn sie sind gerade auf dem Rückweg nach Hause und wollen die Blumen direkt ins Wasser stellen. Ob sie noch eine mehr haben dürfen? Ja klar. Ich sehe einen Mann Mitte 60, der schon seit einiger Zeit auf dem Platz in unserer Nähe sitzt. Er kommt näher, schaut sich unseren gelben E-Lastenroller an und fragt, wie schnell er fahren kann und ob man dafür eine Mofa-Anmeldung für die Versicherung braucht. Keine ungewöhnlichen Fragen bei unseren Aktionen. Auf die offene Frage, was er heute in der Stadt vorhat, antwortet er recht harsch: „Das geht Sie von der Kirche grade gar nichts an." Es folgen 45 lange Minuten Rundumschlag über den sexuellen Missbrauch in der Kirche, Kirchensteuer, Klerikalismus und alles andere, was man sonst so an Kirche kritisieren kann. Wir schulen unsere Ehrenamtlichen genau für diese Situation. Es ist gut, dass er das erzählt. Dafür muss Raum sein. Ich höre aufmerksam zu und gehe nicht an mein klingelndes Handy, obwohl ich weiß, dass es die anderen Ehrenamtlichen sein könnten, die einen Schlüssel von mir brauchen. Nein, ich höre zu. Ja, es fällt mir echt schwer. Seine Argumente sind durcheinander, inhaltlich selten stichhaltig, eher Stammtisch-Palaver. Sein lautstarker und emotionaler Vortrag ist so intensiv, dass Menschen uns langsam anstarren und mein Team überlegt, ob sie mich „retten" sollen. Als er zum Ende

„Das geht Sie von der Kirche grade gar nichts an."

kommt, bemerke ich, wie sich der Körper und die Stimme des Mannes verändern: erleichtert. Ruhig. Das alles musste – wohl auch in der Lautstärke, Körperlichkeit und Emotionalität – einmal gesagt werden. Ich war froh, dass ich mich durchgerungen habe, dranzubleiben. Fast hätte ich aufgegeben. Ich bin mir sicher, dass mein Gesprächspartner nicht nur Medienberichte gelesen, sondern bestimmt auch ausreichend persönliche Erfahrungen in der Kirche gemacht hat, die sich in diesem Moment entladen konnten.

Was hilft weiter? Interesse. Zuhören. Respektvolles Nachfragen und großzügiges Annehmen von guten Gründen, die ich nicht kenne.

Meine fünfte Erkenntnis: Wir sollten grundsätzlich davon ausgehen, dass jeder Mensch gute Gründe für sein Verhalten hat. Wir sehen und verstehen nie das ganze Bild und alle Hintergründe. Es ist klug und respektvoll, davon auszugehen, dass ich den größten Teil nicht kenne. Sicherlich würde ich mehr verstehen, wenn ich mehr Informationen hätte. Es wird immer wieder passieren, dass ich etwas nicht verstehe, als irritierend wahrnehme oder als falsch einstufe. Es kann aber auch eine Chance sein, etwas Neues zu lernen. Was hilft mir weiter? Interesse. Zuhören. Respektvolles und achtsames Nachfragen und das großzügige Annehmen von richtig guten Gründen, die ich nicht kenne.

Im nächsten Schritt beschreibe ich, was es im konkreten Gespräch bedeuten kann, den Menschen vor mir wirklich in den Blick zu nehmen und seine oder ihre Perspektive verstehen zu lernen.

Bernadette Wahl

Berufen, mitzufühlen

„Weißt du, ich wünsche mir ja auch, dass ich an Gott glauben kann. So wie meine Mama und meine Schwester – aber ich kann das einfach nicht. Es gibt doch so viel Schlechtes auf der Welt, Katastrophen, Krieg. So viel Leid. Und ich fühle mich so schlecht. Ist was mit mir verkehrt, wenn ich nicht glauben kann?", sagt meine Kommilitonin, als wir nachts um vier die Bierflaschen und Gläser nach unserer WG-Party aufräumen.

Ja, da ist was dran. Nicht jeder Mensch kann einfach auf Knopfdruck glauben. Glauben ist ein Geschenk und sicher nicht allen einfach so möglich. Ich finde es beeindruckend, wie ehrlich meine Kommilitonin ist. Ihre Sehnsucht nach einem Gott, der da ist und für sie sorgt, ist spürbar. Anscheinend erfährt sie sich und die Welt, in der sie lebt, generell nicht von einem liebenden Gott getragen. Das kann ich gut verstehen und sage ihr, dass es bestimmt ok ist, wenn sie nicht glauben kann. Meine Kommilitonin zeigt mir ihren besten und aufrichtigsten Versuch, mit dem Glauben umzugehen. Das hat Respekt verdient. Es hilft sicher nicht, ihr schon vorhandenes schlechtes Gewissen über ihren „Unglauben" zu verstärken. Gerade mein Glauben motiviert mich dazu, mit ihr zu fühlen und ihr zu zeigen: Ich verstehe dich.

Echtes Mitfühlen und verstehen zu wollen, ist unsere Berufung und unser Anspruch an uns Christinnen und Christen.

Unsere sechste Erkenntnis: Echtes Mitfühlen und verstehen zu wollen, ist unsere Berufung und unser Anspruch an uns Christinnen und Christen. In der Pastoralkonstitution Gaudium et Spes aus dem Jahr 1965 heißt es: „Freude und Hoffnung, Trauer und Angst der Menschen von heute, besonders der Armen und Bedrängten aller Art, sind auch Freude und Hoffnung, Trauer und Angst der Jünger Christi. Und es gibt nichts wahrhaft Menschliches, das nicht in ihren Herzen seinen Widerhall fände."

Aus den vielen Gesprächen mit Kooperationspartnern aus der Citypastoral, die der Kirche oft kritisch gegenüberstehen, habe ich eins gelernt: Echtes Interesse schafft die Grundlage für alle Begegnung. Ja, ich will wirklich auf dem Parkplatz von der Cafébesitzerin von nebenan hören, wie es in der schwierigen Coronazeit läuft und wie schwierig es ist, studentische Mitarbeiterinnen und Mitarbeiter zu finden. Das hat mich noch lange bewegt. Ich will wirklich wissen, wie es der Kulturszene in Fulda geht, wenn keine Tickets mehr verkauft werden. Ich freue mich sehr mit, wenn die Agentur, mit der wir oft zusammenarbeiten, 10 Jahre Bestehen feiert. Sie alle machen unsere Stadt lebendig. Sie sind meine Nachbarn und Freunde. Viel kann ich in mancher Situation nicht tun – außer zuzuhören und mitzufühlen.

Echtes Interesse schafft die Grundlage für alle Begegnung.

Lassen Sie uns den Sack zumachen: Warum ist es so wichtig, Gott in allem zu suchen und zu finden? Was zeichnet eine neue Haltung aus, die ich hier „Kulturoptimismus" nenne?

Eine neue Haltung: Kulturoptimismus

Vielleicht hilft diese Analogie: Haben Sie schon mal für einen Mann oder eine Frau, in die Sie verliebt waren, etwas toll gefunden oder gelernt, was Sie eigentlich nicht ganz so spannend finden? Helene Fischer? Italienisch? Kochen? Die Eintracht? Eine Serie? Schnurrbärte? – Falls die Wege dann wieder auseinandergehen, bleibt oft nicht viel davon übrig. Trotzdem hatten Sie die einzigartige

Möglichkeit, in eine andere Perspektive einzutauchen, über den Tellerrand zu schauen. Sicher haben Sie etwas gelernt. Es ist nicht mehr fremd. Es ist verrückt, was Menschen alles aus Liebe lernen. Keine Sorge – Sie müssen sich nicht gleich über beide Ohren verlieben. Citypastoral wirbt dafür, einen liebenden Blick auf unseren Kontext und das Wirken Gottes darin einzuüben und mich davon beschenken zu lassen.

In vielen Beispielen und Facetten habe ich versucht, zu zeigen, dass ich mit dem Schwarz-Weiß- und Gut-Schlecht-Modus nicht weit komme. Ich werde damit meinem christlichen Gottes- und Menschenbild nicht gerecht. Die Logik, Kirche im Kontrast zur Welt oder zur Kultur zu sehen, geht nicht auf. Denn Kirche ist selbst Teil der Welt und der Kultur, nicht ihr Gegenüber. Für mich heißt Kulturoptimismus ein Brechen mit diesem Kontrast. Die Art und Weise, wie Menschen leben, wie sie ticken, sprechen, lachen, sich ausdrücken, Sport machen, arbeiten und feiern, ist nicht gottlos. Kulturoptimismus bedeutet, die vorgefundene Kultur als kostbar, wertvoll, inspirierend, lebendig und geistbeseelt wertzuschätzen. Nur wenn ich die jeweilige Kultur, in der Menschen leben, mit ihren Werten und Selbstverständlichkeiten kennen und verstehen lerne, kann ich Menschen gut dienen. Das unbedingte Interesse am Fremden, anderen und Unbekannten öffnet mir erst die Möglichkeit zur echten Begegnung. Kulturoptimismus ist der Anspruch, Menschen kennen und verstehen zu lernen und Raum für deren Gotteserfahrungen zu haben. Kulturoptimismus ist eine zutiefst christliche Haltung, die wir einüben müssen. Dafür ist es notwendig, einige Grundannahmen loszulassen und neue Erfahrungen machen zu wollen. Das geht

Kulturoptimismus heißt, einen liebenden Blick auf unseren Kontext und das Wirken Gottes darin einzuüben.

sicherlich nicht einfach über Nacht. Ein wichtiger Schritt ist die Annahme, dass Gott auch im für mich Fremden sein kann.

Ich denke zurück an die Tanzfläche und den Party-Hitmix von Pur und muss schmunzeln. Seitdem habe ich Gott in unzähligen Situationen und Gesprächen, im Supermarkt, beim Friseur, beim Handball, im Kino, im Urlaub, bei der Arbeit, beim Feiern, auf Wohnungssuche und bei meinen Freunden gefunden. Und ich bin gespannt, wo er sich mir noch zeigen möchte.

Teil 3: Ermutigungen

Kirche kann so viel mehr

„Trauen wir uns doch zu, dass der Heilige Geist uns auch im Überraschenden und nicht Geplanten leiten will. Lassen wir ihm Raum und Zeit in unseren Planungen."

Kerstin Leitschuh

Kommune, Nachbar, Verein

Kooperationen außerhalb der Komfortzone

Kerstin Leitschuh

Immer weniger

Ich bin allein. Ich bin als „Ein-Frau-Stelle“ für mein Arbeitsgebiet Citypastoral zuständig. Statt in einem Pfarrbüro oder in einem Dekanatshaus habe ich einen Schreibtisch in einem Co-Working-Space mitten in der Stadt. Auch aus Pfarrgemeinden höre ich Ähnliches: Durch Fusionen werden Mitarbeiterinnen und Mitarbeiter auf die Kirchorte verteilt. Wo früher ein Pfarrer, eine Sekretärin und eine pastorale Mitarbeiterin gemeinsam arbeiteten, hält jetzt nur noch eine Person die Stellung. Das Gefühl, mit mehr Kolleginnen und Kollegen mehr erreichen zu können, dürfte bekannt sein. Einfach mal eine Idee reflektieren, einfach mal einen Text zur Korrektur zeigen. Einfach mal herumspinnen, kreativ gemeinsam entwickeln. Einfach mal. Nein, so einfach geht das heute nicht mehr. Ob in den größer gewordenen Pfarreien oder in anderen Bereichen wie der Citypastoral. Wo früher häufig Teams waren, ist heute eine Person oft allein.

Weil ich allein bin, muss ich gut abwägen und auswählen, was ich wo machen kann und möchte. Schwindende Ressourcen sind nicht nur im finanziellen Bereich eine Herausforderung, sondern auch personell zu spüren. Ehrenamtliche, die sich regelmäßig einbringen können und wollen, werden in städtischen wie auch ländlichen Regionen weniger. Aufgrund der Missbrauchskrise kehren selbst Aktive den Kirchengemeinden den Rücken zu. In Pfarrbüros stehen für Sekretariatsarbeiten weniger Stunden zu Verfügung, die kleinen unterstützenden Extras für die pastoralen Mitarbeiterinnen und Mitarbeiter müssen von diesen selbst erledigt werden und der pastorale Stellenplan zeigt bei jeder Neuauflage weniger Stellen an.

Es besteht die Gefahr, dass die Kirche vor Ort sich immer mehr auf sich selbst beschränkt. Es ist verführerisch, unter sich zu bleiben, da dies als der einfachste Weg erscheint. Weiteres Schrumpfen statt Wachstum ist die Folge. Immer noch verbinden viele Kirche entweder mit der großen Struktur mit Kirchenleitung, Papst, Konzil auf der einen Seite oder der lokalen Ortsgemeinde. Doch diese ist nur eine Gestalt von Kirche. Individualisierung und Pluralisierung fördern Formen kirchlicher Arbeit, die über die Ortsgemeinde hinausgehen.

Es ist verführerisch, unter sich zu bleiben, da dies als der einfachste Weg erscheint.

Durchs offene Fenster nach draußen

Das Zweite Vatikanische Konzil wollte die Abschottung der Kirche aufbrechen und das Verhältnis der Kirche zur modernen Welt neu definieren. Konzilspapst Johannes XXIII. brachte es mit dem Begriff des „aggiornamento" auf den Punkt. Was wörtlich als „auf den Tag bringen" übersetzt werden kann, war als Öffnung der Kirche zur Welt heute gemeint und mit dem Bild von geöffneten Fenstern verbunden. „Aggiornamento" heißt aber nicht nur, dass frische Luft von außen in die Kirchengebäude strömt. Kirche soll auch durch die Fenster in die Welt schauen, umgedreht Luken öffnen, damit Menschen Einblicke in die Kirche gewinnen können. Und ja, ich finde

Kirche muss auch durch offene Fenster nach draußen gehen. Raus aus der Komfortzone. Raus aus der Blase. Raus aus dem internen Sprachbereich. Die Kirche hat sich ja gerade auch durch das Zweite Vatikanische Konzil als Teil dieser Welt und eben nicht erhöhte Sonderform definiert. Das Konzil hat in seiner Pastoralkonstitution über die „Kirche in der Welt von heute" (Gaudium et Spes) genau das grundgelegt und in Erinnerung gerufen. Pastoral ist nicht nur, was in den Kirchenräumen passiert. Pastoral vollzieht sich im Sein unter den Menschen, im Er-Leben ihrer Freude und Trauer, ihres Hoffens und Lebens.

> Gott geht es darum, *„mit uns zu sein, unser Leben zu teilen, an unseren Freuden und Ängsten teilzuhaben, an unserem Jubel und unserer Trauer, an unseren Siegen und unseren Niederlagen."* (Hayo Büsing)[1]

Der eigentliche Punkt ist also, dass wir trotz weniger werdender Ressourcen unserem Auftrag als Kirche in der Welt von heute gerecht werden müssen. Vielleicht werden Sie sich jetzt fragen, wie das gehen soll. Ich kann aus meiner Erfahrung sagen, dass Kooperationen eine gute Möglichkeit sind. Doch wie gelingen diese und was heißt es, zu kooperieren?

Raus aus der Komfortzone. Raus aus der Blase. Raus aus dem internen Sprachbereich.

Vor diesem Hintergrund blicke ich im Frühjahr auf das zweite Halbjahr. Dabei fällt mein Blick auf die Adventszeit. Das ist doch unsere Zeit. Ich muss es schaffen, mit der christlichen Botschaft im adventlichen Treiben der Stadt präsent zu sein: Ich habe also einen Termin beim örtlichen Veranstalter des Weihnachtsmarktes, der den gesamten Dezember über stattfindet. Ich will ihn bescheiden fragen, ob er etwas dagegen hat, wenn ich an den Adventssonntagen irgendwo in der Innenstadt am Rande des

Weihnachtsmarktes ein kleines Angebot mache. Seine Antwort überraschte mich. Dazu später mehr.

Wie geht gute Kooperation?

„Willst du schnell gehen, gehe allein. Willst du weit gehen, gehe zusammen."

Dieses afrikanische Sprichwort ist weise, finde ich. Aber was heißt das für den kirchlichen Kontext? In vielen pastoralen Feldern sind kirchliche Mitarbeiterinnen und Mitarbeiter erst mal allein unterwegs. Auch wenn sie möglicherweise in Pastoral- oder Dekanatsteams eingebunden sind: Eine Aufgabenverteilung schreibt Themengebiete meist einer Person zu. Das ist auch gut so, stärkt die Verantwortung und sorgt für Transparenz gegenüber Außenstehenden. Deswegen ist es schon lange an der Zeit, die viel betonten Synergieeffekte zu nutzen. Diese sind laut Duden die „positiven Wirkungen, die sich aus dem Zusammenschluss oder der Zusammenarbeit zweier Unternehmen o.Ä. ergeben." Der entscheidende Punkt dabei ist: Synergieeffekte nicht nur in unserer Kirchengemeinde oder im Dekanat, sondern auch außerhalb unserer kirchlichen Blase: bei anderen zivilgesellschaftlichen Akteuren, bei Vereinen, Nachbarn, der Kommune. Ich muss auf andere zugehen, wenn ich etwas von ihnen will bzw. mit ihnen Projekte zusammen durchführen möchte. Diese Anmerkungen können übrigens auch auf die Kooperation von unterschiedlichen Kirchengemeinden bezogen werden.

Synergieeffekte nicht nur in unserer Kirchengemeinde oder im Dekanat, sondern auch außerhalb unserer kirchlichen Blase.

Doch dabei gilt es, viel zu beachten. Was oft falsch gemacht wird, ist, dass es ausschließlich zu losen Beziehungen und Absichtserklärungen kommt. „Da könnten wir ja mal etwas zusammen machen“, sagen die einen häufig nach einem Gespräch. Die anderen investieren Lebens- und Arbeitszeit in zahllose Besprechungen, ohne dass es danach eine feste Vereinbarung zu weiteren Schritten gibt, und alles verläuft sich im Sand. Wichtig ist aber, dass das „Zusammenmachen“ strukturiert und zielorientiert ist: in einer Kooperation. In dieser bringen mehrere Akteure ihre besonderen Fähigkeiten ein, um ein vereinbartes Ziel besser zu erreichen. Das führt dazu, dass jeder profitiert. Ganz nach dem Motto „Gemeinsam sind wir stärker“.

Was oft falsch gemacht wird: dass es ausschließlich zu losen Beziehungen und Absichtserklärungen kommt.

Mir hilft es deshalb, immer wieder folgende Fragen für mich zu klären:

1. Bei welchen meiner Themen bieten sich Kooperationen an?
2. Wer würde sich als Kooperationspartner eignen?
3. Welche Ziele hat diese Kooperation?
4. Was ist der Mehrwert einer Kooperation?
5. Was bin ich bereit einzubringen? Was habe ich zu geben?
6. Wo sind meine Grenzen?

Die Beschäftigung mit diesen Fragen hat einen wunderbaren Nebeneffekt. Sie bringen mich dazu, meine eigenen Themen zu reflektieren: Was ist als Nächstes dran in Welt und Kirche? Was ist durch äußere Gegebenheiten, wie dem kirchlichen Jahreskreis oder dem Lebensrhythmus der Stadt, des Dorfes, vorgegeben? Was sind meiner Erfahrung nach Themen, die meine Zielgruppe interessieren und die ich aufgreifen möchte? Wo treffe ich die Menschen an? Wo treffe ich vielleicht auch Menschen, die von meinen Angeboten bisher noch nichts oder wenig gehört haben oder hören konnten? Diese Fragen stellen mich auf den Prüfstand. Sie helfen, blinde Flecken zu beheben, die sich im Laufe der Jahre routiniert eingeschlichen haben. Nehme ich mir die Zeit für die Reflexion, dann werden meine eigenen Vorstellungen klarer.

Ich möchte nicht leugnen, dass mich auch die Frage umtreibt, wer denn schon mit mir als „der katholischen Kirche" zusammenarbeiten möchte. Was habe ich im bunten Leben einer säkularen Großstadt zu bieten? Werden Rituale an den Knotenpunkten des Lebens in ländlicheren Regionen häufig noch von den Kirchen gefüllt, so sind im städtischen Bereich an deren Stelle säkulare Einrichtungen getreten. Traditionelle Feste in dörflichen Strukturen sind eng mit einer kirchlichen Beteiligung durch Gottesdienste verbunden, während in der Stadt kaum mehr ein Hahn nach einem Gottesdienst zum Stadtfest kräht. War es für mich in der oberschwäbisch-katholischen Heimat noch völlig normal, dass der örtliche Pfarrer bei der Grundsteinlegung des Schwimmbades den Segen sprach oder die neuen Löschfahrzeuge der Freiwilligen Feuerwehr und die mit ihnen aktiven Menschen segnete, fragt in meiner neuen nordhessischen Diasporaheimat niemand nach der Kirche. Im Gegenteil, es würde womöglich sogar kritisiert – mit Blick auf Trennung von Kirche und Staat.

Was hat Kirche im bunten Leben einer säkularen Großstadt zu bieten?

Ja, die Kirche muss sich ihre zunehmende Bedeutungslosigkeit im Alltag der Menschen und die fehlende Relevanz im gesellschaftlichen Leben deutlich vor Augen führen, auch wenn dies schmerzt. Da hilft es nicht, die Augen zu schließen. Hinsehen ist angesagt.

Täglich – 24 mal

„Wollen Sie als unsere Kooperationspartnerin auf dem Weihnachtsmarkt täglich auf der dortigen Bühne vor dem riesigen Holzadventskalender das Türchen öffnen und ein Bühnenprogramm gestalten?" – Das ist die Antwort des Weihnachtsmarktveranstalters auf meine Frage nach der Möglichkeit eines Angebots am Rande der Innenstadt an den Adventssonntagen. Wow! Damit habe ich nun wirklich nicht gerechnet. Jeden Tag. Ganz offiziell. Als echte Partnerin. Tolle Antwort – aber ...! Die „Aber" sprudeln nur so aus mir heraus. Habe ich das Budget? Habe ich die Zeit? Jeden Tag? Was ist, wenn ich krank werde? Was mache ich da überhaupt auf der Bühne? Bringt mich das weiter? Wenn ja, wohin? Will ich da auch hin? Allein und dafür klein ist ja auch ganz nett. Mir gehen tatsächlich ziemlich viele Fragen durch den Kopf. Das ist normal. Gerade bei einer neuen Kooperation. Deshalb sind die Fragen hilfreich und lassen sich Stück für Stück durch die Beschäftigung mit dem Thema beantworten.

Der Überraschungsschockmoment: „Der Weihnachtsmarkt will etwas mit der katholischen Kirche machen!"

Nachdem das Überraschungsschockmoment „Der Weihnachtsmarkt will etwas mit der katholischen Kirche machen!" vorbei war, sagen Verstand und Herz eindeutig ja zu diesem Kooperationsangebot. Ich sage zu. Und dann passiert schon das erste Ungewohnte. Ich bekomme einen formellen Kooperationsvertrag zugeschickt. Darauf wäre ich umgekehrt aus meiner kirchlichen Erfahrung nicht gekommen. Kooperation heißt eben auch Verbindlichkeit und Zuverlässigkeit. Mit klaren Verabredungen. Fixiert auf einem Schriftstück und nicht nur per Handschlag. „Form follows function" ist einer der Grundsätze der Bauhausarchitektur. Für eine Kooperation bedeutet das, dass die Form der Zusammenarbeit immer neu dem Ziel dienen muss. Ein Mustervertrag aus der Tasche hilft ebenso wenig wie das Übertragen alter Konzepte aus der Kirchengemeinde auf neue Formen der Kooperation.

Ok. Jetzt werde ich also auf dem Weihnachtsmarkt stehen. 24 mal, täglich. Wie tickt so ein Weihnachtsmarkt mit all den Standbetreibern eigentlich? Mit Mandelbrenn- und Holzschnitz-Buden. Kirche zwischen Glühwein und Kinderkarussell. Inmitten von Maronenduft und Frittenfett. Wie werde ich als „Missbrauchskirche" dort aufgenommen? Was ist, wenn mein Programm niemanden interessiert? Ändert sich gar meine Zielgruppe dadurch? Ich verlasse ganz klar die Komfortzone, in der ich mich als Vertreterin der Kirche häufig bewege, und gehe wörtlich genommen auf den Marktplatz – in die Mitte aller Menschen, die sich in einer Großstadt im Advent bewegen: zu den Glühweintrinkenden, den Geschenkesuchenden, den Currywurstessenden, den Bustouristen, Bettlern, Jugendlichen, Menschen, die auf die Straßenbahn warten, zu Menschen aus aller Herren Ländern und Religionen. Ich bin mit meinem Angebot eines von vielen auf dem Weihnachtsmarkt. Was denken wohl die Marktbeschickerinnen und -beschicker darüber? Wie reagieren sie auf mich als Kollegin, als „die Frau von der Kirche", als Konkurrenz und Fremdkörper? Das flößt mir gewaltig Respekt ein. Wird am Ende noch jemand „buh" rufen, wenn ich mich als katholische Kirche auf die Bühne stelle?

Wird am Ende noch jemand „buh" rufen, wenn ich mich als katholische Kirche auf die Bühne stelle?

Bei wiederkehrenden Angeboten innerhalb der Kirche habe ich mich immer sicher gefühlt. Jetzt kooperiere ich außerhalb meiner Kirchenwelt, treffe auf andere Menschen, bin mit meinen Angeboten auf dem Markt der Möglichkeiten und „im Backstagebereich des Weihnachtsmarktes".

Kooperationen außerhalb der eigenen Blase

Kooperationen mit Partnern außerhalb der eigenen Blase einzugehen, heißt eben auch immer, sich auf andere Logiken einzulassen. Ich kann Ihnen versichern, dass Sie bei Kooperationen außerhalb unserer Kirchenblase auch in Situationen kommen, in denen Sie sich fremd fühlen. Ich informiere mich gerne im Vorfeld über Gepflogenheiten und ungeschriebene Gesetze, über Riten und Gebräuche meiner Kooperationspartner. Schon weit vor dem Weihnachtsmarkt suchte ich die eine oder andere Kirmes auf und suchte mit entsprechenden Schaustellern das Gespräch.

Gewiss darf das Ureigene nicht verraten und verkauft werden. Deswegen ist es umso wichtiger, den eigenen Standpunkt und die eigenen Werte zu kennen. Auch die eigenen Grenzen. Wo ist es für mich ethisch und moralisch nicht mehr vertretbar, eine Kooperation einzugehen? Deswegen halte ich die Beschäftigung mit den oben vorgestellten Fragen für sehr existentiell. Eine Kooperation ist keine Kuschelgruppe, in der sich die Beteiligten etwas schenken und wo es ums Wohlfühlen geht. Sondern eben eine strategische Verbindung zur besseren Zielerreichung. Ich muss meine Erwartung an die Kooperation aussprechen, wenn ich mein Ziel ins Spiel bringen will. Ich muss aushalten, dass Rahmenbedingungen auch erst ausgehandelt werden müssen. Und mein Kooperationspartner hat auch seine eigenen Ziele. Anders als

Eine Kooperation ist keine Kuschelgruppe, in der sich die Beteiligten etwas schenken und wo es ums Wohlfühlen geht.

Kirche z.B. wirtschaftliche. Sicher, der Weihnachtsmarkt gehört zum Citymarketing. Er soll Menschen in die Stadt bringen und auch den Einzelhandel beflügeln. Es geht aber auch um das Einkommen der Schausteller und Marktbeschicker. Jeder Glühwein sichert ihre Existenz. Ich als kirchlicher Partner muss so existenziell nicht denken.

Deshalb: Verbindung heißt eben auch, dass ich mein Gegenüber kenne und mich mit der Logik und Sprache der anderen „Welt" auseinandersetze. Schließlich will ich ja auch einen Gewinn aus der Kooperation erzielen. Der ist wahrscheinlich nicht in Heller und Pfennig zu bemessen. Aber ich muss ihn definieren können.

Gott schmunzelt und denkt:
Da bin ich mal gespannt, was ausgerechnet
die beiden nun gemeinsam machen

Zurück auf den Weihnachtsmarkt: Da steht also eine Bühne mit einem riesigen Adventskalender mitten auf einem zentralen Platz zwischen Weihnachtsbaum, Straßenbahnhaltestelle, Kerzenverkaufsstand, Schmuckstand und Kindereisenbahn. Hinter jeder Holztür befindet sich die dreidimensionale Darstellung eines Märchens. Diese Türen soll ich öffnen. Und was dann? Schnell wird mir klar, dass die Kooperation mit dem örtlichen Weihnachtsmarktveranstalter nicht die einzige Kooperation bleiben wird, sondern weitere folgen müssen. Allein kann ich 24 Adventstage nicht so füllen, dass es meinen Ansprüchen, die ich auch aus meinen sechs Fragen abgeleitet habe, gerecht werde. Kurz: Allein kann ich mein Ziel,

Allein kann ich mein Ziel nicht erreichen. – Das Gemeinsame suchen und weitere Kooperationspartner ins Boot holen.

einen nutzerorientierten Impuls auf dem Weihnachtmarkt zu geben, bei dem christliche Themen ins Gespräch gebracht werden, nicht erreichen. Warum also nicht noch mal das Gemeinsame suchen und weitere Kooperationspartner ins Boot holen?

Und noch etwas beschäftigt mich inhaltlich. Da befinden sich Märchen hinter den Türen. Wie gehe ich damit um? Will ich zur adventlichen Märchentante werden? Muss es nicht um die Bibel gehen und den Glauben? Es folgen viele Tage mit konzeptionellem Arbeiten. Ich arbeite mich ein, lese Märchen und über Märchen. Ich stelle zu meiner Verwunderung und Freude fest, wie christlich die Märchen sind und welche wunderbaren Themen sich aus ihnen ableiten lassen. In der weiteren Beschäftigung mit den Themen und Märchen wird mir deutlich, wie viele Einrichtungen es in der Stadt gibt, die sich mit genau diesen Aufgaben beschäftigen. Das sind kirchliche, diakonische Einrichtungen, aber auch säkulare Gruppen. Rotkäppchen bringt der bettlägerigen Großmutter Wein und Kuchen. Kann das nicht etwas mit dem Hospizverein zu tun haben? Die „Tafel" verbinde ich mit dem „Tischlein deck dich", weil sich eben nicht jeder Tisch märchenhaft von selbst füllt. Plötzlich erkenne ich, dass im gelebten Christsein so viel Leben zu entdecken ist. So viel „suchet der Stadt Bestes" (Jeremia 29,7).

> **Wenn ich Kooperationspartner ins Boot holen möchte, muss ich das Boot möglichst schmackhaft machen.**

Nun heißt es für die 24 Türchen 24 Kooperationspartner zu kontaktieren und ihnen mein Anliegen klarzumachen. Ob sie es wohl verstehen und mitmachen?

Wenn ich Kooperationspartner ins Boot holen möchte, muss ich das Boot möglichst schmackhaft machen, oder besser gesagt besonders voranbringend anpreisen. Damit ich das kann, muss ich das Boot genau kennen: Wie komfortabel ist es, wie viele Sitzgelegenheiten hat es, ist es ein Ruder- oder ein Motorboot? Ist es wassertauglich oder muss ich zuerst die Löcher flicken? Und vor allem: Wo will ich überhaupt hin mit dem Boot? Das heißt übersetzt: Ich muss zuerst für mein Projekt, für das ich Kooperationspartner suche, wissen: Was möchte ich machen und was ist mein Ziel? Da kommen wieder die bewährten Fragen ins Spiel:

1. Bei welchen meiner Themen bieten sich Kooperationen an?
2. Wer würde sich als Kooperationspartner eignen?
3. Welche Ziele hat diese Kooperation?
4. Was ist der Mehrwert einer Kooperation?
5. Was bin ich bereit einzubringen? Was habe ich zu geben?
6. Wo sind meine Grenzen?

Kooperation heißt, sich aufeinander einzustellen

Die Kooperationspartner sind genauso unterschiedlich wie die Kirche: Es gibt kleine Vereine, die ausschließlich mit Ehrenamtlichen alles stemmen. Und es gibt beispielsweise Stiftungen oder größere Organisationen, die für die Lobbyarbeit auch hauptamtliches Personal haben. Es gibt die eher hierarchisch organisierten Verwaltungen und die weniger formalen Initiativen. Egal, wie sie aufgestellt sind – sie haben Professionalität verdient. Das beginnt bei einer freundlichen Kontaktaufnahme mit allen notwendigen Angaben zu meiner Anfrage. Das hört auf bei einer klaren Vereinbarung, bei der alle Beteiligten wissen, was sie ein-

Egal, wie die Kooperationspartner aufgestellt sind – sie haben Professionalität verdient.

bringen und erwarten können. Datumsangaben, Uhrzeiten und Ortsangaben müssen korrekt sein. Im Idealfall gibt es einen präzisen Ablaufplan der Veranstaltung, der keine Missverständnisse zulässt. Verbindlichkeit, wertschätzende Kommunikation, Klarheit in den Aussagen, Erreichbarkeit und die Fähigkeit zum Perspektivwechsel sind nur einige der Eigenschaften, die Standard sein müssen.

Hier wird deutlich, dass eine Kooperation ein professionelles Management bedarf. Wenn ich etwas von meinen Kooperationspartnern will, muss ich mich auf sie einlassen, auch meine Arbeitszeiten und die Erreichbarkeit darauf einstellen. Was oft nicht gesehen wird, ist, dass Kooperationen nicht „nebenbei“ laufen, sondern Ressourceneinsatz brauchen. Eine Ressource ist die Zeit. Sie wird auch für Beziehungsarbeit benötigt. In meinem Beispiel: Lange vor dem Weihnachtsmarkt habe ich die Schausteller im Sommer bei ihrer Kirmesveranstaltung besucht, Vertrauen aufgebaut, Interesse gezeigt. Beziehungsarbeit schafft Vertrauen und das ist eine wichtige Grundlage für gelingende Kooperationen.

Wenn ich etwas von meinen Kooperationspartnern will, muss ich mich auf sie einlassen.

Sich auf ein gemeinsames Projekt einzulassen heißt auch, dass Dinge ausgehandelt werden müssen. Das ist in der Kirche keine gewohnte Praxis. Eine Kooperation zwischen zwei gleichberechtigten Partnern heißt, eventuell seine Standpunkte zu verlassen und sich in der Mitte zu treffen.

Und schließlich: Es ist nicht das Ziel, dass die Kooperationspartner künftig in den Sonntagsgottesdienst kommen, die Konfession wechseln oder in die Kirche eintreten. Das kann passieren. Darf aber nicht mein erstes Ziel sein. Die Haltung des gegenseitigen So-sein-lassen-Könnens und der Wertschätzung der eigenen Lebenssituation ist unabdingbar. Dann kann etwas ganz anderes passieren. Mir haben nicht wenige Kooperationspartner und Kolleginnen und Kollegen auf dem Weihnachtsmarkt nach den ersten Gesprächen davon erzählt, dass sie Kirchenmitglieder sind, sich aber keiner Gemeinde zugehörig fühlen. Umso mehr freuten sie sich, dass „ihre Kirche" jetzt mal bei ihnen ist. Meine Erfahrung: Es gibt eine hohe Verbundenheit mit der Kirche ohne aktive Praxis. Wenn ich die Menschen nur in Gottesdienste einlade, werde ich von sinkender Kirchenbindung berichten. Gehe ich Kooperationen zwischen Kirche und weltlichen Organisationen ein, lerne ich mehr Verbundenheit kennen, als ich ahne. Kirche wird dabei auch als Partner in der Zivilgesellschaft erfahrbar. Und ja, es gab auch Gespräche über Glaubensfragen, Berichte über Austritte oder die Überlegung des Wiedereintrittes. Das waren bewegende Momente – wohl für beide Seiten. Geschenke. Heilig-Geist-Momente.

Gehe ich Kooperationen zwischen Kirche und weltlichen Organisationen ein, lerne ich mehr Verbundenheit kennen, als ich ahne.

Das Ganze ist mehr als die Summe seiner Teile

Es hat funktioniert! Von der Bahnhofsmission über das Tierheim und den lokalen Marathon bis hin zur Tafel und zwei Ordensschwestern: 24 Kooperationspartner standen mit mir auf der Adventskalenderbühne und wir haben gemeinsam über das Tagesmärchen, ihre Arbeit und ihre Werte gesprochen. Das Märchen wurde mit Einrichtungen und Initiativen der Stadt verknüpft und damit urchristliche Werte thematisiert. Ukrainer, die aus dem schrecklichen Krieg in ihrer Heimat und zugleich der großen Hilfsbereitschaft berichteten. Ein Jugendlicher, der in einem Theaterverein Selbstvertrauen lernt und eine Adventsperformance aufführt. Ein Arzt, der sterbende Kinder und deren Eltern begleitet.

Und da war noch viel mehr als die täglichen 20 Minuten Bühnenprogramm:

Ich denke an die junge Frau, die Geburtstag hatte. Weil keiner mit ihr feiern wollte, gönnte sie sich einen Tag auf dem Weihnachtsmarkt und mit seinen Attraktionen. Sie kam und bedankte sich bei mir. Wir redeten. Sie erzählte von ihren Eltern, die in diesem Jahr gestorben sind. Sie berichtete von ihrer Wohnung, in der sie alles verloren hatte, weil die Wohnung unter ihrer ausbrannte. Als sie ging, sagte sie: „Danke, jetzt ist der Geburtstag doch noch schön geworden."

Da war noch viel mehr als die täglichen 20 Minuten Bühnenprogramm.

Ich denke an die junge Punkerin, die nach dem Bühnenprogramm mit dem Tierheimleiter ins Gespräch kam und fragte, wohin sie Tierfutter spenden könne.

Ich denke an den jungen Vater mit seinem 5-jährigen Sohn, die ausnahmslos jeden Tag, bei Schnee und Regen, bei Sonne und Nebel kamen und zuhörten: „Das ist so schön, wir sind gerade neu in die Stadt gezogen."

Ich denke an die beiden Männer, die zufällig vorbeikamen, als ich mit der Leitung einer sozialen Einrichtung auf der Bühne sprach. Sie wollten sich dort schon lange ehrenamtlich engagieren, haben aber nicht anrufen wollen. Sie nutzten die Chance und vereinbarten ein Informationsgespräch.

Ich denke an den Verkäufer von bunten Ethno-Winterjacken vom Weihnachtsmarktstand nebenan. Er hörte den Aufruf der Ukrainehilfe der Malteser bei mir auf der Bühne, Winterkleidung für einen Hilfstransport zu spenden. Er spendete ein paar Kleidungsstücke aus seinem Standsortiment.

Es gab die wundervollen Heilig-Geist-Momente auf der Adventskalenderbühne, die ohne diese nie geschehen wären. Sie waren durch die Vielfalt der Kooperationspartner, die Professionalität in der gemeinsamen Vorbereitung und Durchführung, das Herzblut und die ausgewählten Themen vorbereitet.

Kooperationen lohnen sich

Kooperationen lohnen sich, wenn man sie reflektiert angeht. Wie ich finde vor allem dann, wenn sie außerhalb unserer Komfortzone, außerhalb der kirchlichen Blase eingegangen werden. Es passieren Dinge, mit denen – zumindest ich – nicht gerechnet habe. Und hey – Kooperationen müssen kein Bund fürs Leben sein. Zeitlich festgelegt auf ein bestimmtes Projekt, das schafft Freiheit und Beweglichkeit. Ich erreiche neue Zielgruppen, indem ich mich auf andere einlasse. Und ich reflektiere die christliche Botschaft neu, wenn ich mich ihrer neu im Kontext einer Kooperation und einer anderen Organisationslogik vergewissere.

Haben Sie Mut, als Kirche präsent zu sein und sich in der Gesellschaft Ihres Stadtteils, Ihrer Stadt, Ihres Dorfes zu tummeln!

Es gibt unzählige Einrichtungen in den sozialen, kulturellen oder zivilgesellschaftlichen Bereichen, mit denen Kirche im Dorf wie in der Stadt kooperieren kann. Probieren Sie es aus, seien Sie kreativ. Haben Sie Mut, als Kirche präsent zu sein und sich in der Gesellschaft Ihres Stadtteils, Ihrer Stadt, Ihres Dorfes zu tummeln!

Es geht eben nicht darum, auf die Menschen zu warten. Der Heimspielvorteil in den eigenen vier Kirchenwänden mag verlockend sein, hat aber wenig mit dem „Hinaus ins Weite-Gehen" der Bibel gemein. Gott führt uns in die Weite, wie es im Psalm 18,20 heißt. Wir sollen eben „Gottes Zelt auf Erden" sein. Nicht seine in Stein gemeißelte Kathedrale.

Jetzt wissen Sie, dass sich Kooperationen lohnen und wie diese gelingen können. Was Ihnen hilft, sensibel für Gelegenheiten zu werden, in denen sich Kooperationen anbieten, das erfahren Sie im nächsten Kapitel.

Anmerkungen

1 https://www.ekiba.de/media/download/variant/280514/hayo-buesing-vortrag-gemeinwohlorientierung-folien–pdf-.pdf

Mit Heilig-Geist-Momenten rechnen

Sich gönnen, Gelegenheitsfresser zu sein

Kerstin Leitschuh

„Leider keine Zeit …"

Montagmorgen im Oktober. Der Vorsitzende des Pfarrgemeinderates ruft an. Er bittet mich, in der nächsten Sitzung das Jahresprogramm der Erwachsenenbildung vorzustellen. Ob mir der Termin passt. Aber natürlich. Ich werde meinen minutiös ausgearbeiteten Plan vorstellen und grafisch ansprechend kopiert austeilen, was über das Kirchenjahr verteilt an Vorträgen, Konzerten, Besinnungstagen und Gesprächsreihen von Januar bis Dezember des kommenden Jahres geplant ist. Fein austariert, gleichmäßig über das Jahr verteilt, mit wiederkehrenden Taktungen und ausgewogenen Richtungen.

Montagnachmittag. Immer noch genau dieser Oktobertag. Das örtliche Kino ruft an. Es würde da diesen Mega-Blockbuster im Februar geben. Der Film sei voller religiöser Anspielungen und Motive. Es wäre doch toll, wenn wir etwas gemeinsam dazu machen könnten. Kirche und Kino, das wäre doch …

Ich unterbreche mein Gegenüber. Sorry, muss ich abwiegeln. Ich bin schon völlig verplant. Als ich auflege, geht mir durch den Kopf: eigentlich schade.

Dienstagmorgen im Oktober des darauffolgenden Jahres. Das Telefon klingelt. Die neue Vorsitzende des Pfarrgemeinderates ist am Apparat. Ob ich in der nächsten Sitzung wieder das Jahresprogramm … „Nein", sage ich. Es gibt kein Jahresprogramm. Ich möchte frei und bereit sein für Überraschendes, Neues und Ungewohntes. Verdutzt legt mein Gegenüber auf.

Nachmittag. Ich warte auf den Anruf des Kinobetreibers oder werde ihn einfach mal anrufen …

Schön und gut, können Sie jetzt sagen. Aber mein Auftrag im Weinberg des Herrn ist es doch, ein möglichst interessantes und abwechslungsreiches Programm für meine Gemeinde, meinen Verein, mein Dorf, meine Stadt zusammenzustellen und anzubieten. Was ist daran falsch?

Gar nichts! Es geht vielmehr um die Frage, wie Sie Ideen und Themen entwickeln. Und wenn Sie das ehrlich weiterführen, kommen Sie auch zu den Fragen nach Ihrem Ziel, Ihrer Zielgruppe und Ihrem Arbeitsauftrag.

Wenn ich immer stärker feststelle, dass die Nutzer meiner Angebote in den Kirchengemeinden im wahrsten Sinne des Wortes aussterben, kann ich nicht so weitermachen, bis der letzte beerdigt wurde. Ich kann mich auch fragen, warum das so ist. Ich kann mich fragen, wie es denn wäre, wenn über die übliche Zielgruppe in der Kirchengemeinde und aus den Nachbargemeinden hinaus vielleicht auf einmal andere Leute kommen würden. Und dass alle gerne kommen, weil es sie interessiert, und nicht, weil sie sich verpflichtet fühlen. Oder noch besser: Menschen stoßen auf die Kirche, wo sie es nicht erwarten. Und das finden sie sogar gut, oder sie suchen zumindest den Dialog. Wie wäre das?

Menschen stoßen auf die Kirche, wo sie es nicht erwarten. Und das finden sie sogar gut.

Warum ein Jahresprogramm auch hinderlich sein kann

Das eingangs zitierte Beispiel zeigt, dass ein wohl überlegtes, gut gemeintes und akribisch ausgearbeitetes Jahresprogramm auch hinderlich sein kann. Nämlich dann, wenn Sie neue Zielgruppen mit der Botschaft des Evangeliums erreichen wollen, wenn Sie raus aus der gemeindlichen Blase wollen, wenn Sie sich von Gott hinaus ins Weite (Psalm 18,20) führen lassen wollen. Der Heilige Geist wirkt dynamisch und kreativ. Auch außerhalb der üblichen Anlässe des Kirchenjahres zeigt er uns Gelegenheiten, wo ich das Evangelium freilegen und als Kirche in der Gesellschaft dabei sein kann. Der Heilige Geist weht, wo er will. Was wir sprichwörtlich verwenden, stammt aus der Bibel. Bei Johannes 3,8 ist der Geist noch ein Wind. „Der Wind bläst, wo er will, und du hörst sein Sausen wohl; aber du weißt nicht, woher er kommt und wohin er fährt." Ich habe manchmal den Eindruck, dass wir alle vom Heiligen Geist reden, ihn aber gleichzeitig luftdicht verpacken. Durch unsere Planungen blockieren wir ihm alle Landebahnen. Ich erlebe immer wieder, dass mein Plan – so gut gemeint er ist – mein Gefängnis wird.

Ich habe manchmal den Eindruck, dass wir alle vom Heiligen Geist reden, ihn aber gleichzeitig luftdicht verpacken.

Was hilft, ist eine möglicherweise veränderte Haltung, in der ich den Heiligen Geist mehr zum Zug kommen lasse. Ich frage nach dem, auf das ich im Leben meines Ortes, meiner Stadt, im Weltgeschehen oder auf welche gesellschaftlichen Themen ich mit einem Angebot aus der Botschaft des Evangeliums reagieren möchte. Ich suche Gelegenheiten. Ich suche! Ich trage mir in den Kalender „suchen" als Aufgabe ein. Ich nehme mir Zeit dafür. Ich schärfe meinen Blick. Ich stehe dazu und kann es erklären. Ich lasse mich inspirieren. Ich verteidige es und halte auch eine Leere im Kalender aus. Weil Gras eben nicht schneller wächst, wenn man daran zieht. Ich möchte den Kairos nutzen. Das heißt den günstigen Zeitpunkt, der mir von Gott geschenkt wird, um mit seiner Botschaft präsent zu sein, um von ihm zu erzählen und um den christlichen Glauben als Angebot der Lebensdeutung auf den Marktplatz zu werfen. Ich lerne, nicht in das „Ich-habe-ja-so-viele-Termine“-Lied mit einzustimmen. Ich lerne, die Welt um mich herum zu beobachten und die Gelegenheiten wahrzunehmen, die sich mir bieten. Ich werde zur Gelegenheitsfresserin. Wie sehr ich dieses unorthodoxe Wort liebe! Es beinhaltet für mich die Lust auf etwas, den Hunger, die Neugier auf Dinge, die ich vielleicht nicht erwarte. Und es heißt auch, auf Ereignisse eingehen zu können, auf die niemand vorbereitet ist.

Ich lerne, die Welt um mich herum zu beobachten und die Gelegenheiten wahrzunehmen, die sich mir bieten.

Freiräume werden zum Segen – ein Krieg ändert alles

Tag vier nach dem Angriff Russlands auf die Ukraine bei einer Demonstration für den Frieden vor dem Rathaus. Da steht einer der diensthabenden Polizeibeamten in voller Uniform. Daneben steht ein Gemeindepfarrer, der aktives Mitglied einer Hilfsorganisation ist. Sie kennen sich nicht, kommen miteinander ins Gespräch. Der eine mag das Auftreten des anderen nicht, der andere will helfen und nicht in starren Institutionen hängen bleiben. Aber eins wollen beide: eine Spendenaktion für die Menschen in der Ukraine. Ein Jahr später wird der Polizeibeamte von der Gewerkschaft der Polizei als Gewerkschafter des Jahres geehrt, die ganze Hilfsorganisation mit Pfarrer feiern das mit und sie nennen sich Freunde! Was ist in der Zwischenzeit geschehen?

Das gemeinsame Engagement für die Menschen aus der Ukraine, der Wille zu helfen, wo es eben geht, und die unkomplizierte Art haben verbunden. Der eine stellte die Kirche für das Sammeln von Sachspenden sowie Kontakte in die Grenzregion zu Verfügung, der andere setzte sich mehrfach in einen Sprinter voller Kleidung, Medikamente und Hygieneartikel und fuhr diesen mit Kollegen zur Grenze. Es entstand eine gigantische gemeinsame Hilfsaktion mit unzähligen Transporten von Hilfsgütern an die ukrainische Grenze, die ein Jahr später immer noch fortgeführt wird. Ein grandioses Zeichen der Mitmenschlichkeit und der Kraft von Gemeinschaft.

> **Ein durchgetaktetes Jahrespensum an Arbeit hätte diese Kooperation von Kirche und Gesellschaft nicht möglich gemacht.**

Ein wie zu Beginn beschriebenes durchgetaktetes Jahrespensum an Arbeit hätte genau diese Hilfstransporte, diese Kooperation von Kirche und Gesellschaft nicht möglich gemacht. Es hätte verhindert, dass sich Menschen zusammenfinden, um Leid zu lindern, zu trösten und Mitmenschlichkeit zu zeigen, die sich sonst nie getroffen hätten. Es wäre nie zu vielen wundervollen Begegnungen gekommen, in denen sich das Evangelium, unsere frohe Botschaft, ereignete.

Neue Prioritäten setzen

Was kann dies für mich und meine Arbeitsorganisation bedeuten? Ich entscheide mich und setze Prioritäten. Die Priorität kann auch heißen: Ich plane meine Zeit nicht ganz durch, sondern nehme das auf, was mir vor die Füße fällt (oder geworfen wird): der Krieg in Europa oder eine Pandemie, das runde Jubiläum eines prägenden Vereins im Ort oder die Anfrage der Kommune bei einer Ausstellung zur Dorfgeschichte mitzuwirken. Wenn ich mich dann für ein Projekt entscheide, heißt es immer auch, dass ich andere sein lassen muss. Lassen und Loslassen tun wir in der Kirche nicht so gerne. Damit stoßen wir meist andere Menschen vor den Kopf. Wenn ich das eine priorisiere, gebe ich ihm den Vorzug. Das andere hat dann ein Nachsehen. Ja, das ist so. Aber so ist es auch sonst im Leben. Ich kann nicht gleichzeitig nach links und rechts laufen. Ich muss mich immer entscheiden.

Ich kann nicht gleichzeitig nach links und rechts laufen. Ich muss mich immer entscheiden.

Priorisieren setzt voraus, dass ich Kriterien habe, anhand derer ich bewerte, was dran ist. Ich finde die Gelegenheiten, deren Ergreifung einen Beitrag zu meinen Zielen leistet, unter allen anderen heraus. Ich erkenne, was dringend und wichtig ist, und identifiziere das, was ich liegen lassen oder loslassen kann.

„Wenn ich acht Stunden Zeit hätte, um einen Baum zu fällen, würde ich sechs Stunden die Axt schleifen." (Abraham Lincoln)

So extrem wie Lincoln es vorschlägt, muss es nicht sein. Aber: Gute Arbeit braucht Vorbereitung. Wenn ich das Evangelium in der Welt entdecken und freilegen will, brauche ich Zeit. Wenn ich von Termin zu Termin, von Veranstaltung zu Veranstaltung eile, fehlt mir die Sensibilität für die notwendige Vorbereitung, das strategische Planen, das Wahrnehmen, die Beziehungsarbeit. Ich habe keine Zeit, Kriterien für meine Entscheidungen zu entwickeln und mir Ziele zu setzen.

Gelegenheitsfresserin zu sein heißt nicht, dass ich auf jeden Zug gedankenlos aufspringe. Nein, es bedeutet, dass ich Ziele und Kriterien entwickelt habe, damit ich einen wachen Blick für sich bietende Gelegenheiten habe und auch Leere aushalten kann.

Vielleicht fragen Sie sich, was Sie damit anfangen können und wie Sie sich umorganisieren können?

Sie können auch hier die Gelegenheit beim Schopfe packen und einen Blick auf Ihre Vision und Ihre Mission werfen (vgl. Craftbook Markenkommunikation & Produktentwicklung für kirchliche Pionier*innen). Wenn Sie beides in Ihrer Gemeinde, in Ihrem Verband oder Ihrer Gruppe noch nicht haben: dann ist jetzt der Zeitpunkt, diese zu erstellen. Kommen Sie dazu mit Ihren Kolleginnen und Kollegen, Ihrem Team, Ihrem Vorgesetzten, Ihren Ehrenamtlichen, Ihren gewählten Räten ins Gespräch:

Was ist Ihre Vision? Was ist Ihr langfristiges Zielbild? Was erfüllt Ihre Ziele mit Sinn? Die Vision soll Sie künftig inspirieren.

Was ist Ihre Mission? Was wollen Sie für andere sein? Was ist Ihr Auftrag? Ihr Alleinstellungsmerkmal? Wie erreichen Sie Ihre Ziele? Die Mission ist für Sie künftig richtungsgebend.

Mit der formulierten Mission und Vision prüfen Sie die traditionellen Punkte in Ihrem Jahreskreis. Was passt, was passt aber auch nicht mehr? Da kommt jetzt wieder das Loslassen ins Spiel. Wenn notwendig, dann beenden Sie liebgewonnene Traditionen mit einem Ritual, mit einem Gottesdienst oder mit einem Fest. Lassen Sie auch den Raum für die Trauer. Dadurch zeigen Sie den Menschen, die bisher zu dem nun nicht mehr stattfindenden Angebot gekommen sind, oder denjenigen, die das mit Ihnen zusammen vorbereitet und durchgeführt haben, Wertschätzung. Verschlanken Sie Ihr geplantes Jahr langsam und entscheiden Sie bewusst, was bleibt.

Was ist Ihre Vision?
Was ist Ihr langfristiges Zielbild?

Gelegenheiten können Neues hervorbringen: Das Musical „Pfirsichbäckchen Mimi" in der Kirche

2020 im ersten Jahr der Corona-Pandemie. Eine Gruppe, die mit am schwersten betroffen ist, sind die Kulturschaffenden. Irgendwann werden Veranstaltungen wieder möglich, aber mit Abstand, Testungen und anderen Vorsichtsmaßnahmen. Dafür sind große Räume notwendig, in denen Veranstaltungen angeboten werden können. Die Kirche ist so ein Ort, sogar einer der größten Veranstaltungsorte in der Innenstadt. Trotz Hygiene- und Abstandsregeln bietet sie Platz für 80 Personen. Auch technisch ist sie für Veranstaltungen ausgestattet, da sie sich in den letzten Jahren als Kulturkirche etabliert hat. Was liegt also näher, als jetzt zu handeln: Die Gemeinde stellt den Kulturschaffenden die Kirche kostenlos zur Verfügung. Die Aktion wird „Kultur.Liebe.Hoffnung" genannt. Die Kulturdezernentin der Stadt sowie der Diözesanbischof sind begeistert und werden Schirmherrn. Die Kirche setzt so ein solidarisches Zeichen.

> Große Räume sind notwendig – die Kirche ist so ein Ort, sogar einer der größten Veranstaltungsorte in der Innenstadt.

Zwei Termine pro Woche stehen drei Monate lang nach vorheriger Bewerbung für Kulturschaffende zu Verfügung. Sie entscheiden, ob sie im Vorfeld Karten verkaufen oder Spenden sammeln. Die Kulturkirche stellt Raum, Technik und einen persönlichen Ansprechpartner, der immer anwesend ist.

Und auf einmal sind da dankbare Tränen in den Augen von erwachsenen Männern, weil sie endlich wieder ihrem Beruf und ihrer Leidenschaft nachgehen können: dem Musikmachen. Auf einmal sind da Jugendliche eines freien Kulturprojektes, die in der Kirche das selbstgeschriebene Musical „Pfirsichbäckchen Mimi" aufführen. Die eigentliche Premiere musste durch Corona verschoben werden, jetzt sind zumindest Ausschnitte möglich, weil die Kirche sich öffnet, ohne zu wissen, um was es in dem selbstgeschriebenen Stück geht. Die überfürsorgliche Mutter, Betreiberin eines Waschsalons, sperrt die Tochter Mimi weg. Sie soll nichts von der bösen Welt da draußen erfahren. Mimi lernt die Welt, das echte Leben, nur durch die dreckige Wäsche der Kunden kennen und fragt sich oft, was sich wohl hinter diesem oder jenem Fleck verbirgt. Wie viel Leben wird deutlich in den Schmutzresten? „Es kann viel geschehen, wenn wir vor die Türe gehen“, wird gesungen als Ode an das Leben. „Flecken gehören zum Leben dazu.“ So der Schlusssong.

Mir stellt sich die Frage, wer wem etwas zu sagen hat: wir als Kirche oder die Jugendlichen.

Da stellt sich mir die Frage, wer in diesem Moment wem etwas zu sagen hat: Wir als Kirche, die die Türe öffnet, oder die Jugendlichen, die sich „mit einer großen Ästhetik“ – so ein Priester – in der Kirche bewegt haben? Der Priester, der am Ende sagen wird, dass er noch nie erlebt hat, dass jemand mit so viel Gespür, Respekt und gleichzeitiger Kreativität den Altarraum genutzt hat, und dass sich davon einige Priesterkollegen eine Scheibe abschneiden könnten.

Aus dieser gegenseitigen Wertschätzung heraus sind immer wieder wundervolle Kooperationen zwischen dem Jugendprojekt und der Kirchengemeinde sowie der Citypastoral entstanden.

Vier Haltungen einer Gelegenheitsfresserin

Als Gelegenheitsfresserin verlasse ich meinen Planungsraum. Das heißt auch, dass ich nicht alles kontrollieren kann. Was rauskommt, wenn ich eine Gelegenheit nutze, kann überraschend, beglückend aber auch schrill sein. Sie denken jetzt vielleicht, dass man dafür sehr gelassen und tolerant sein muss. Das stimmt. Mir helfen in meiner Existenz als Gelegenheitsfresserin dabei vier geistliche Haltungen. Der Kirchenentwicklungsprozesses „Kirche am Ort – Kirche an vielen Orten gestalten" der Diözese Rottenburg-Stuttgart hat sie aus meiner Sicht gut ins Wort gebracht: vertrauen, lassen, erwarten und wertschätzen:

Als Gelegenheitsfresserin verlasse ich meinen Planungsraum.

1. Vertrauen: Wenn ich Gelegenheiten wahrnehme, um vom Evangelium zu erzählen oder es im Alltag der Dorflebens oder der Großstadt freilege, dann ist nicht alles vorhersehbar und kontrollierbar. Dann begebe ich mich auch auf unbekanntes Gebiet. Wenn ich alles in meiner Möglichkeit Stehende getan habe, vertraue ich: Auf das Wohlwollen der anderen, auf meine eigenen eingesetzten Kompetenzen und Fähigkeiten und auf den Heiligen Geist. Ohne Vertrauen kann ich nicht am Reich Gottes arbeiten, da ich es nicht machen kann. Es ist unverfügbar und unkontrollierbar. Ohne ein Vertrauen in die Kunstschaffenden wäre „Kultur. Liebe.Hoffnung" nie zustande gekommen.

2. Lassen: Wenn ich meine Vision und meine Mission klar habe, muss ich priorisieren und lassen können. Ich muss loslassen können: Menschen, die bisher mit mir unterwegs waren und jetzt aber nicht mehr weitergehen wollen. Vorstellungen von einer früheren Form von Kirche und Gemeinde. Vielleicht auch Ängste vor dem Neuen und Unbekannten. Ich kann etwas gut sein lassen. Schließlich muss ich auch zulassen können. Wenn die Kirchengemeinde nicht die Kultur in die Kirche gelassen hätte und dieses Engagement zugelassen hätte, hätten die Jugendlichen nie das besondere Gefühl gehabt, das sie bei der Aufführung ihres Musicals in der Kirche hatten.

3. Erwarten: Ich gehe jedoch nicht ins Leere. Ich erwarte Gottes Geist. Ich erwarte Menschen, die sich zu mir gesellen – mit denen ich vielleicht auch nicht gerechnet habe. Ich erwarte das Evangelium, das sich unter uns ereignet. Etwas zu erwarten, setzt eine Offenheit voraus, auch eine Vorfreude und eine Vorbereitung. Ohne diese drei Punkte hätte es kein solidarisches Zeichen der Kirche in der Stadt im ersten Corona-Jahr gegeben.

4. Wertschätzen: Ja, Künstlerinnen und Künstler ticken anders. Sie haben andere Arbeitsweisen im Vergleich zu einem angestellten Finanzbuchhalter, einer Bäckerin oder einer Lehrerin. Ja, Künstlerinnen und Künstler müssen mit ihrem Tun Geld verdienen. Ja, nicht alle Künstler sind Christinnen oder Christen. Und dennoch: Ich schätze sie mit ihrer Berufung. Ich lasse sie in ihrem Anderssein so stehen. Und genau das kann meine Arbeit wie ein roter Faden durchziehen: Ich biete ihnen den Grund meiner Hoffnung an und schätze sie in dem ihrigen.

Vertrauen, lassen, erwarten und wertschätzen – vier geistliche Haltungen, die mein pastorales Tun in der Citypastoral prägen. Vier Haltungen, die für mich eine gute Basis sind, mit Gelegenheiten umzugehen. Tatsächlich möchte ich hier noch mal den Heiligen Geist ins Spiel bringen. Dazu nehme ich Sie mit zu einem Kunstprojekt in der Elisabethkirche in Kassel anlässlich der documenta fifteen. Kommen Sie mit!

Gelegenheiten außerhalb der kirchlich geprägten Zeiten – Kirche auf der documenta

Sie durchschreiten das Labyrinth auf dem Vorplatz der Kirche. Es ist mit grüner Farbe auf den Boden gemalt. Ein Weg führt in die Mitte. Der andere Weg führt wieder hinaus. Direkt auf die Kirche zu. Sie öffnen die schwere Kirchentür und treten in einen dunklen Raum. Zwei freundliche Menschen aus dem Besuchsdienst heißen Sie willkommen. Sie weisen Sie darauf hin, dass Sie Ihre Schuhe ausziehen müssen und wo sich die Regale dafür befinden. Sie bekommen einen kleinen Zettel. Dort steht, dass Sie bitte leise sein sollen und dass Sie sich eine Perle mitnehmen dürfen. Danach öffnen die Mitarbeiterinnen und Mitarbeiter Ihnen den schwarzen, schweren Vorhang zum Kirchraum. Sie betreten die Kirche. Sie ist ausgelegt mit grünem Kunstrasen. Sie spüren ihn weich unter den Füßen. Sie sehen eine Kirche aus den 60er Jahren. Leer. Fast. In der Mitte steht eine große Feuerschale mit Perlen. Echte Perlen. Wie Sie später erfahren werden, sind es 80.000 Stück.

Sie sehen eine Kirche aus den 60er Jahren. Leer. Fast. In der Mitte steht eine große Feuerschale mit Perlen.

Das konnte man im Sommer 2022 in der Elisabethkirche in Kassel erleben. Die Ausstellung „poem of pearls“ von Birthe Blauth organisierten das Bistum Fulda und die Kirchengemeinde im Rahmen der Weltkunstausstellung documenta fifteen. Doch nicht nur Kunstfans kamen.

An einem Tag in genau diesem Sommer: Ein Ehepaar heiratet auf dem Standesamt in Kassel. Nach der Trauung fragen sie den Standesbeamten, wo sie noch etwas Zeit verbringen können. Sie wollen noch etwas in der Innenstadt bleiben. Der Standesbeamte antwortet spontan. Er empfiehlt die Ausstellung „poem of pearls“ in der Elisabethkirche unweit des Rathauses. Das frisch getraute Ehepaar folgt dem Rat, betritt die Elisabethkirche. Es ist begeistert von dem Raum, der Atmosphäre. Die anderen Ausstellungsbesucher beobachten das chic angezogene Paar, das da barfuß über den grünen Rasen läuft, kurz nach der Eheschließung, mitten in einer Kirche. Es ist sehr angerührt. Sie freuen sich über die Perle, die jeder von ihnen an diesem für sie so besonderen Tag mitnehmen darf. Die Perlen sollen noch in ihre Eheringe eingearbeitet werden. Berührt und bestärkt in ihrer Liebe verlassen sie die Kirche, die sie eigentlich nie vorhatten, zu betreten. Ein Radioreporter bekommt die Szene mit, spricht sie an und erfährt, dass sie nach diesem Erlebnis doch noch einmal über eine kirchliche Trauung nachdenken wollen.

Trauen wir uns doch zu, dass der Heilige Geist uns auch im Überraschenden und nicht Geplanten leiten will. Lassen wir ihm Raum und Zeit in unseren Planungen. Öffnen wir uns für die Zeichen der Zeit (vgl. Pastorale Konstitution Gaudium et Spes, Absatz 4), ganz konkret in dem, an was wir vor Ort unser Kirchesein ausrichten. Es geht darum, das Evangelium außerhalb der binnenkirchlichen Grenzen zu suchen, und um das „Vertrauen, dass in jeder Situation, die auf uns Menschen zukommt, die Potenzialität mitgegeben ist, dass sich das Evangelium ereignet." Gelegenheiten sind „Netzwerke, Knoten und Kanten, Orte, Personen und Beziehungen. Gelegenheiten sind Orte und Räume innerhalb und außerhalb der Organisation, organisierte Orte und Räume genauso wie informelle." (Matthäus Karrer). Es liegt an uns, diese zu entdecken und erfinderisch mit ihnen umzugehen.

Trauen wir uns doch zu, dass der Heilige Geist uns auch im Überraschenden und nicht Geplanten leiten will.

Gönnen Sie sich, Gelegenheitsfresser zu sein, und rechnen Sie mit dem Heiligen Geist. Gott ist immer größer als wir denken. Was das heißen kann, lesen Sie in der dritten Ermutigung.

Quellen:

Jan Kuhn und Michael Swiatowski: Craftbook Markenkommunikation & Produktentwicklung für kirchliche Pionier*-innen, Verlag Herder GmbH, 2022, S. 22 ff

https://www.an-vielen-orten.de/home.html

Vgl. Matthäus Karrer: Das Evangelium ereignet sich – Glaubenskommunikation heute, in: Michael Seewald (Hrsg.), Ortskirche. Bausteine zu einer künftigen Ekklesiologie. Festschrift für Bischof Gebhard Fürst. Ostfildern 2018. S. 166–179.

https://www.furche.at/religion/karl-rahner-der-geist-weht-wo-er-will-3839810

Es gibt immer etwas Größeres

Wie wir unsere eigene Botschaft wieder ernst nehmen

Paul Kowalski

„Mach's konkret!"

Mit diesen Worten endete das zweite Online-Meeting des Kurses „Mission Possible" und die damit verbundene Challenge für das nächste Treffen:

> *„Führe ein Interview über den Glauben mit einer Person aus deinem Bekanntenkreis, die mit Sicherheit ein anderes Lebenskonzept hat als du. Womöglich hat er/sie wenig bis gar nichts mit Glauben und Kirche zu tun. Du hörst nur zu, weder kommentierst noch bewertest du die Antworten."*

Okay, krass! Zweites Treffen, und es geht ans Eingemachte, denke ich und sehe auf dem Monitor in die verdutzten Gesichter meines Teams.

Gott sei Dank begriffen wir nach dem ersten Lockdown relativ schnell, dass die bevorstehende Zeit viele Chancen für Veränderung bietet. Vieles, was aus Tradition und Alltag „schon immer so gemacht" wurde, musste entweder ausfallen oder verändert werden. Durch die neue Situation konnten, ja mussten wir regelrecht neue Formate und Konzepte ausprobieren und durchführen. Unter anderem schlug ich die Teilnahme an einem Online-Kurs der Akademie für Dialog und Evangelisation namens „Mission Possible" mit Otto Neubauer aus Wien vor.

Drei Kolleginnen zeigten Interesse, und wir meldeten uns mit dem Ziel an, die Sprachfähigkeit über unseren eigenen Glauben, über das, was uns trägt und uns Kraft gibt, zu verbessern.

Zehn Treffen, aufgebaut mit einem inhaltlichen Impuls, Austausch in der Kleingruppe, abschließend ein Gebet und eine kleine Hausaufgabe zum nächsten Mal. Aus der heimischen Komfortzone heraus – das erschien uns allen sehr einladend.

Und nun? Bereits nach dem zweiten Abend wurde es durch die oben genannte Challenge konkret, und der Stresslevel ging bei uns um einiges nach oben. Wie sollte ich innerhalb von sechs Tagen eine Person finden, die anders denkt und tickt und vielleicht allein schon auf die Anfrage verstört reagiert, von mir interviewt zu werden. Das war schon eine andere Hausnummer.

Für mich war relativ schnell klar, dass ich die Sache ernst nehmen wollte: „Raus aus der Komfortzone, Paul!" Es musste wirklich jemand aus meinem Umfeld sein, mit dem ich noch nicht zu viel zu tun hatte. Langsam schlichen sich erste Gedanken des Selbstbetrugs ein: Klar ist es möglich, bei dieser Aufgabe eine Person zu wählen, mit der man sich ein nettes Gespräch vorstellen kann. Man trifft sich, tauscht sich aus und berichtet von seinen Erfahrungen. Aber ist das wirklich Sinn und Zweck der Aufgabe, gerade wenn man sich in so einem Kurs bewegt? Nein! Ich wollte es richtig machen und appellierte an mein Gewissen, die Möglichkeiten des Selbstbetrugs zu verdrängen.

„Raus aus der Komfortzone, Paul!"

Ich ging systematisch vor und notierte mir meine Bekanntengruppen: Nachbarn, Arbeitskollegen aus anderen Abteilungen, alte Schulfreunde und Arbeitskreise, in denen ich mich ehrenamtlich betätigte. Schnell kam eine kleine Liste von fünf Namen zusammen, die für den Job als Interviewpartner in Frage kamen. Nach einer kurzen

Einschätzung, welche Person ich mir am wenigsten als Interviewpartner vorstellen könnte, stand schnell fest: Meine Wahl fällt auf Heike[1] aus dem Elternbeitrat unserer Kita. Die Mitte-dreißig-Jährige ist verheiratet, Mutter von drei Jungen, wohnt im Nachbardorf und arbeitet in Teilzeit als Arzthelferin in der ortsansässigen Praxis.

Trotz einer ähnlichen Familienkonstellation pflegt sie einen anderen Lebensstil als ich. Das merke ich besonders dann, wenn ich mit ihr in unserer ehrenamtlichen Arbeit aneinandergerate. Wir sind sehr oft nicht derselben Meinung. Regelmäßig erlebe ich unsere Zusammenarbeit als sehr herausfordernd, da sie weder meinen Wertevorstellungen und meinem Qualitätsbewusstsein noch meinem Arbeitstempo entspricht. Sie zeichnet sich meist durch naive, unreflektierte und persönliche Meinungen aus, die in vielen Fällen nicht die Meinungen der von ihr vertretenen Elternschaft widerspiegeln, sondern eigentlich nur ihren eigenen. – Okay, aber genug so weit. Ich denke, es wird klar, dass ich diese Person nicht besonders sympathisch fand und sie damit für mich die richtige Kandidatin für den Job war.

Und so fand ich mich ein paar Tage später in ihrer Küche wieder.

Meiner Anfrage für ein Interview, die ich zu meinem Erstaunen stotternd und kompliziert formulierend vortrug, begegnet sie mit einem einfachen: „Ja, klar, kommst dann einfach vorbei!“ Und so fand ich mich ein paar Tage später in ihrer Küche wieder.

Kirche in der Selbstfesselung

Ich erinnere mich oft an diesen Moment der Unsicherheit, ob das überhaupt klappen könnte, als ich mich auf das Projekt mit dem Interview eingelassen habe. Aber mit etwas Abstand habe ich erkannt: Es ist nicht nur meine persönliche Herausforderung, sondern auch die der Kirche. Wie spreche ich mit Menschen, die mich nicht kennen – und die auch den Glauben nicht kennen? Wie spreche ich mit Menschen, die offensichtlich einen anderen Lebensstil und andere Wertevorstellungen haben als ich? – Und weiterführend gedacht: denen gegenüber ich im ersten Moment vielleicht keine Sympathie empfinde? Tatsächlich fällt oft die Antwort in den Gemeinden so aus, dass sie sich in die Komfortzone zurückziehen und es zu anstrengend finden, sich mit den anderen Menschen auseinanderzusetzen.

Wie spreche ich mit Menschen, die offensichtlich einen anderen Lebensstil und andere Wertevorstellungen haben als ich?

Sie bleiben bloß bei ihrer Erwartung, dass sich neue Leute auf ihre Sprache, Tradition und Feste einstellen sollen. Daraus resultiert aber, dass man unter sich bleibt. Die Folge ist: Kirche schlägt einen Schrumpfungskurs ein. Neue Kontakte? Fehlanzeige. Neue Beziehungen und Wirkorte? Gibt es nicht. Wie man diesen Zustand am besten beschreiben könnte, ist mit einer Fesselung, und zwar selbst gewählt. Man bindet sich – an sich selbst. Und wird immer unbeweglicher.

Aber ganz ehrlich: So möchte ich mir eine Kirche der Zukunft nicht vorstellen.

Um der Frage nachzugehen, wie so ein Gespräch gehen kann, führe ich Sie jetzt kurz zurück in die Situation, wie das Gespräch mit Heike verlief.

Ich sitze bei Heike in der Küche. Sie wohnt im ersten Stock eines Zweifamilienhauses.

Während sie mir einen Kaffee anbietet, erkläre ich ihr genauer, was ich hier eigentlich mache und was Sinn der Übung ist. Sie zeigt Interesse und lässt sich auf die formulierten Fragen ein – mehr und intensiver, als ich erwartet hatte – und fühlt sich in ihrem Umfeld anscheinend so wohl, dass ich den Eindruck bekomme, ehrliche und authentische Antworten zu erhalten.

Nach ungefähr einer Stunde sind wir fertig. Ich bin fertig. Heike hat mich hinter ihre Fassade schauen lassen, ich konnte durch ihre Antworten einen Einblick in ihr Leben erhalten, den ich im Alltag nicht sehen kann. Das bringt mir Erkenntnis und vor allem Verständnis der Person gegenüber. Kann es wirklich so einfach sein?

Was können wir aus dieser Situation für uns als Kirche lernen? Kirche sollte es sich zur Aufgabe machen, sich zu öffnen. Klar, das klingt jetzt wie eine Floskel aus dem Wortschatz von „Neue Schritte wagen“ oder „Aufbruch gestalten“. Ich meine es aber todernst. Denn an der Frage, ob Kirche sich aus der Selbstbeschäftigung entfesseln und befreien kann, entscheidet sich ihre Zukunft. Seien wir doch mal ehrlich und betrachten wir unser kirchliches Engagement in der Retrospektive. Wie viel Zeit verbringen wir mit Sitzungen, Planungen, IT-Problemen und anderen „wichtigen“ Verwaltungsaufgaben, und wie steht das im Verhältnis zu Beziehungspflege, Gesprä-

An der Frage, ob Kirche sich aus der Selbstbeschäftigung entfesseln und befreien kann, entscheidet sich ihre Zukunft.

chen, gemeinsamen Gebetszeiten oder – ja, vielleicht sogar Veranstaltungen mit Glaubensverkündigung? Ob Sie diesen Text als Hauptamtlicher oder Ehrenamtlicher lesen, spielt keine Rolle. Ich lade Sie ein, diese Übung einmal selbst auszuprobieren und die Ergebnisse zusammenzutragen. Aber Vorsicht! Es könnte erschreckend und deprimierend sein ... so war es jedenfalls bei mir. Jedenfalls verstärkt sich in mir die Frage:

Was braucht es, damit Kirche nicht mehr nur für sich selbst da ist, sondern wahrhaft eine Kirche für die Menschen?

Was braucht es, damit Kirche nicht mehr nur für sich selbst da ist, sondern wahrhaft eine Kirche für die Menschen? Und welche Konsequenzen hat das für den Glauben?

Was Parship richtig macht

Jeder kennt Valentin. Ich kenne Valentin, seitdem er 16 Jahre alt war. Ich habe ihn als motivierten Messdiener in der Innenstadtpfarrei in meinem damaligen Einsatzort als Jugendreferent kennengelernt. Selten ist Valentin allein. Eigentlich hat er immer jemanden im Gepäck, meistens junge Menschen aus seiner Lebenswelt, manchmal sogar ganze Gruppen. Ich nenne Valentin spaßeshalber den „erfolgreichsten Missionar unserer Zeit“, da er das große Talent hat, Menschen zu begeistern, mit ihm Zeit zu verbringen und auf seinen Rat hin unsere Veranstaltungen zu besuchen.

Wen Valentin im Schlepptau mitbringt, hat mich immer wieder fasziniert und überrascht. So habe ich damals Sam kennengelernt. Sam fällt mit ihren coolen Klamotten auf und nimmt kein Blatt vor den Mund. Die junge Frau lebt allein mit ihrer Mutter und kann mit den Traditionen ihrer Familie, die sich zum Islam bekennt, wenig anfangen. Sie hinterfragt, gibt kritische Anmerkungen und trägt oft Entscheidungsprozesse nicht mit, da sie nicht dahintersteht. Viele Gründe, bei uns nicht zu erscheinen. Aber trotzdem kommt sie immer wieder und besucht unsere Veranstaltungen, Workshops und Jugendfreizeiten, feiert die Gemeinschaft mit den anderen Jugendlichen, genießt die Ruhe in den Gebets- und Gottesdienstzeiten und fühlt sich anscheinend wohl in unserer Gesellschaft.

Es braucht eine Beziehung, die stimmt. Erst dann kann man überhaupt über den Glauben reden.

Ich habe mich anfangs erstaunt gefragt: Warum kommt sie eigentlich? Valentin war die Antwort. Er war es, der eine gute Beziehung aufgebaut hatte und auch den Mut besaß, Sam immer wieder einzuladen.

Ich kenne Sam mittlerweile seit über fünf Jahren. Bei unserem letzten Gespräch teilte sie mir mit, dass sie den Wunsch habe, sich taufen zu lassen. – WOW!

Was mir klar wird: Es braucht eine Beziehung, die stimmt. Erst dann kann man überhaupt über den Glauben reden. Wie oft fallen wir mit dem Allerheiligsten voraus bei Menschen durch die Haustür?

Es braucht eine Beziehung, die stimmt

Wie oft höre ich von befreundeten Priestern, die nach Taufgesprächen ihre Verwunderung äußern, dass die Eltern des Täuflings über die Kirche und den Glauben wenig wissen und eigentlich keine Anbindung haben. – Ich frage dann provokant zurück, ob sie nach dem Gespräch wissen, wie es den Eltern in ihrer neuen Familienkonstellation, mit schlaflosen Nächten, schreienden Kindern und einem emotionsgeladenen Alltag so geht. Oft schaue ich dann in verdutzte Gesichter. Nein, ist meistens die Antwort. Würde es etwas ändern, das Gespräch mit Fragen zu beginnen wie: „Wie geht es Ihnen gerade?“, „Was machen Sie beruflich?“ oder der Bemerkung: „Es ist ein schöner Stadtteil, in dem Sie wohnen!“, um eine Beziehungsbrücke zu den Menschen zu schlagen?

Mir begegnen sehr viele „Kirchenmenschen“, die davon ausgehen, dass ihr Gegenüber genau dasselbe fühlt oder seine Beziehung zu Gott und Glauben ihrer gleicht. Beziehung bedeutet, dass man sich kennt und sich vertraut.

Neulich waren meine Frau und ich als Referentenpaar bei einem Ehevorbereitungskurs eingeladen. Nach unserem Vortrag über Kommunikation in der Ehe kamen wir beim Mittagessen mit einem Paar ins Gespräch. Auf die Frage, was bei der Vorbereitung für den großen Tag noch ansteht oder die größten Probleme bereitet, kam von beiden wie aus der Pistole geschossen: der Gottesdienst! Alles andere sei Monate vorher geplant, gebucht und gedruckt. Der Wunsch, mit dem Traupfarrer öfter ins Gespräch zu kommen und so vielleicht in Beziehung zu treten, konnte durch den dichten Terminkalender und den langen Zeitraum bis zum Trautermin den beiden bis hierhin nicht erfüllt werden. – Schade! Meiner Meinung nach eine verpasste Chance, mit einem jungen Paar in Beziehung zu treten. Und so blieb das, was aus dem christlichen Verständnis heraus das Wichtigste an diesem Tag sein sollte – der feierliche Gottesdienst und das gegenseitige Versprechen vor dem Altar – für dieses Paar noch die größte Unsicherheit, die sie mit sich trugen. Für mich als praktizierendem Christen verrückt – aber doch traurige Realität!

Mir begegnen sehr viele „Kirchenmenschen“, die davon ausgehen, dass ihr Gegenüber genau dasselbe fühlt oder seine Beziehung zu Gott und Glauben ihrer gleicht.

Kirche tappt oft in die Falle, dass sie Beziehungen voraussetzt. Es reicht jedoch nicht, dass wir auf unseren „tollen“ Webseiten über Messabläufe informieren oder mit Floskeln argumentieren. Es muss offene Anknüpfungspunkte geben, die Gespräche und Fragen zulassen. Wir müssen als Verantwortliche in der Kirche ein aufrichtiges und ehrliches Interesse den Menschen gegenüber zeigen, um Beziehungen aufzubauen und gestalten zu können.

Wir müssen als Verantwortliche in der Kirche ein aufrichtiges und ehrliches Interesse den Menschen gegenüber zeigen.

Aber was meint das überhaupt, eine Beziehung zu knüpfen und zu pflegen?

Ech honn dech wällich gern![2]

Wenn Ihnen die Absatzüberschrift nichts sagt oder Sie meinen, dass sie falsch geschrieben ist, sind Sie vermutlich ein Frēmer[3]. Es handelt sich um Rhöner Platt.

Das mag im ersten Moment für Sie keine Bedeutung haben, aber was glauben Sie, was es in einem Menschen auslöst, der mit dem Dialekt seit Kindesbeinen vertraut ist! Der mit seinen Eltern und Geschwistern so kommuniziert hat, ja automatisch viele Assoziationen von Gerüchen, Gefühlen und Erlebnissen bekommt, wenn er diesen Dialekt hört.

Im letzten Jahr hat die Citypastoral Fulda beim Stadtfest Banner an der Stadtpfarrkirche anbringen lassen, die Aussagen im Rhöner Platt plakatierten: „Ech honn dech wällich gern“ oder „Benn ich dich seh, honn ech Emätz im Hätzche“[4]. Der Claim unter den Sprüchen lautete dann immer: „Glaube ist wie Rhöner Platt, versteht nicht jeder.“ Zusätzlich wurden in dieser Kampagne entsprechende

Postkarten an Passanten in der Stadt verteilt. Die Reaktion ließ nicht lange auf sich warten. Unterschiedlichen Generationen zauberten die Aussagen ein Lächeln ins Gesicht, Selfies wurden vor den Plakaten gemacht, und alle ehrenamtlichen Mitarbeiter, die für besondere Aktionstage einen kleinen mobilen Stand aufgebaut hatten, kamen mit den Menschen in der Stadt ins Gespräch. Richtig Fahrt nahm die Aktion noch mal auf, als über Nacht eines der Banner entwendet wurde und eine kleine Suchaktion in der Presse große Resonanz fand. Es war eine der Erfolgsgeschichten, die Kirche in einem guten Licht gezeigt hat: ansprechend – regional – niederschwellig.

Es ist hilfreich, wenn man seine Angebote in die kontextuelle Pastoral, Regionalität und Tradition einbinden kann. Bei der Planung von neuen Aktionen sollten Sie sich daher ruhig die Frage stellen, ob diese nicht den bestehenden Angeboten oder Festen in ihrem Wirkungsort einen Nutzen bringen könnten. Wäre es nicht besser, durch Beteiligung Ihrer Pfarrgemeinde oder Ihres Verbandes ein bestehendes Angebot zu verbessern oder zu erweitern? Ich habe die Erfahrung gemacht, dass Kirche in den inneren Strukturen oft schlechter von sich denkt, als sie von außen gesehen wird. Neben den von anderen Autoren dieses Buches genannten Bespielen kann ich diese These nur bekräftigen. Sätze wie: „Es wäre schön, wenn die Kirche sich daran beteiligt!“ oder „Wir können gerne die Bühne und die Technik einen weiteren Tag stehen lassen, wenn Sie Interesse haben, diese zu bespielen“ sind keine seltenen Sätze, die ich in letzter Zeit von anderen Playern gehört habe. Das sollten wir nutzen, anstatt unsere Position in der Gesellschaft vorzeitig und deprimiert zu verlassen.

Ich habe die Erfahrung gemacht, dass Kirche in den inneren Strukturen oft schlechter von sich denkt, als sie von außen gesehen wird.

Ich gebe zu: Das führt mich manchmal auch an die Grenze, wo ich die Dinge nicht mehr ganz in der Hand habe. Ich entführe Sie mal in eine besondere Situation.

Das Katapult aus der Komfortzone

Unsere studentische Praktikantin Maike und ich sitzen in einem rustikal geschmückten alten Pfarrsaal. Im Saal befinden sich ca. 60 Menschen, und gefühlt sind alle älter als wir. Es gibt Bier vom Fass, anti-alkoholische Getränke, Fettenbrote und andere Knabbereien.

Das neue Format der Glaubensverkündigung, das der örtliche Kaplan mit der Gemeindeassistentin und zwei Ehrenamtlichen ins Leben gerufen hat, heißt „Theologie am Fass – Gott, Glaube & Poetry".

Der Abend beginnt ganz nett mit Klaviermusik und gutem Gesang, dann folgt ein vorbereiteter Poetry Slam zum Thema Glaube, Liebe, Hoffnung, aber auch Zweifel, Hadern und Angst. Nach jedem Beitrag folgt eine kurze Pause, die durch instrumentale Musik zum Nachdenken über das gerade Gehörte anregen soll.

Ich merke sofort, wie sich in mir der Widerstand regt.

Im Anschluss an die vorbereiteten Poetry-Texte stellt der Kaplan das angedachte Konzept für den weiteren Verlauf des Abends vor: eine Open-Stage-Phase, in der jeder der Gäste die Möglichkeit hat, einen eigenen Text oder Poesie zum Thema Glaube vorzutragen: etwas, das ihn bewegt, etwas, das er zu sagen hat, etwas, das den Anwesenden Hoffnung bringen könnte. Maike und ich schauen uns, von der Aufgabe herausgefordert, verunsichert an. Ich merke sofort, wie sich in mir der Widerstand regt und ich mir beim besten Willen nicht vorstellen kann, ein Gedicht zu schreiben, geschweige denn, es vor diesem Publikum vorzutragen. Schlagartig katapultiert mich diese Aufgabe aus meiner Komfortzone und setzt mich unter Stress. Sätze wie „Das hast du noch nie gemacht!" blitzen mir durch den Kopf. Mir ist sofort klar, dass diese Aufgabe keine für mich ist.

Ich schaue zu Maike und sage zu ihr: „Hey, Maike, das ist deine Chance! Probiere es aus, du kannst das bestimmt!" – Ist das in Ordnung? Sich selbst nicht zu trauen, aber die die Praktikantin auf die Bühne zu schubsen – Sie schaut mich an, überlegt kurz und sagt: „Okay!"

Was? Krass! Ich staune nicht schlecht über ihre Bereitschaft, sich solch einer Aufgabe zu stellen, und ertappe mich dabei, sie vielleicht aus „Notwehr" gefragt zu haben. 15 Minuten später steht Maike vor dem Publikum und erntet einen großen Applaus für ihren ersten öffentlichen Poetry Slam Auftritt. Dass sie später gefragt wird, mit ins Team zu kommen, sie noch weitere Texte schreibt und vorträgt, dass ihre Gedichte die poetische Untermalung von Youtube-Videos und Instagram-Beiträgen werden, ja dass sie durch diese Form auch ihren Glauben bekundet, sei hier nur am Rande erwähnt. Es war dieser eine Moment, der mich völlig überforderte, ihr aber eine Herausforderung gab, der sie sich stellte und die sie mit Bravour meisterte.

> Schlagartig katapultiert mich die Aufgabe aus meiner Komfortzone und setzt mich unter Stress.

Inneren Widerstand überwinden

Warum trauen wir uns nicht? – Warum fällt es uns so schwer oder scheint es uns so unwahrscheinlich, dass wir etwas verändern – ich meine: grundlegend verändern –

könnten? Ich bin mir sicher, dass das Gefühl, das in mir aufkam, uns allen auf ähnliche Weise bekannt ist. Ich höre eine Idee oder werde aufgefordert, an etwas teilzunehmen, aber es setzt mich schlagartig unter Stress, weil ich es mir im ersten Moment nicht vorstellen kann.

Dieses Phänomen beobachte ich oft auch in unserer Kirche. Warum schafft es Kirche nicht, sich mal etwas Neuem auszusetzen, sondern fällt am liebsten zurück in „Das haben wir schon immer so gemacht"? Es gibt einen Begriff für dieses Phänomen. Man nennt es „Reaktanz" oder „Blindwiderstand". Blindwiderstand unterbindet in der kirchlichen Arbeit viele Chancen, an denen wir wachsen und bei denen Kirche eine neue Gestaltungsform annehmen könnte.

Warum schafft es Kirche nicht, sich etwas Neuem auszusetzen, sondern fällt zurück in „Das haben wir schon immer so gemacht"?

Der Begriff „Reaktanz" oder „Blindwiderstand" stammt aus der Physik und beschreibt in der Elektrotechnik einen Widerstand, der durch eine sich ändernde Größe, etwa eine Wechselspannung, entsteht. Im übertragenen Sinne also: Etwas ändert sich in unserem gewohnten Alltag, und wir Menschen reagieren mit einer inneren und meist intuitiven Abwehrhaltung: Reaktanz.

Sie kennen vielleicht das Szenario, wenn man im Pfarrgemeinderat eine neue Idee, vielleicht eine neue Gottesdienstform, vorschlägt oder an den festgesetzten Gottesdienstzeiten rütteln möchte. Schnell kommt der Widerstand: Man könne das aus diesen und jenen Gründen nicht machen. Meine Frau schlug mal ihrem Arbeitskreis der Pfarrgemeinde vor, am Valentinstag einen Impulsabend für Paare mit einem Vortrag und anschließendem Paargespräch anzubieten. Sofort überschlugen sich die anderen mit negativen Reaktionen aus ihrer persönlichen Wahrnehmung: „Mein Mann würde da niemals hingehen." – „Es ist alles so gut, wie es ist, wir brauchen keine Paarberatung!" Niedergeschlagen kam sie an dem Abend zurück und war entschlossen, nicht mehr mitarbeiten zu wollen. Doch die Idee keimte bei den Betroffenen weiter auf, und so kam es, dass dieses Format in darauffolgenden Jahren doch angeboten wurde.

Ein wichtiger Aspekt bei der Frage, wie Kirche aus der Selbstbeschäftigung herauskommt und mit neuen Menschen in Kontakt kommt, ist der Umgang mit Reaktanz.

Zum einen ist es wichtig, sein Gefühl von Reaktanz zu kennen und es richtig zu deuten. Daraus können sich Gelegenheiten bilden, die man sich vorher nicht vorstellen konnte. Zum anderen ist es aber auch gut, von vornherein mit reaktantem Verhalten zu rechnen, wenn man einer Gruppe eine neue Idee oder Vision vorstellt. Statt beleidigt oder deprimiert den Rückzug anzutreten, sollten Sie Ihre Energie darauf verwenden, Überzeugungsarbeit zu leisten, Bedenken abzubauen und Ihr Gegenüber mitzunehmen, Ihre Vision zu teilen. Das klappt am besten in Einzelgesprächen, da Sie da nicht immer gegen eine Gruppe und generalisierte Meinungen angehen müssen. Inspirieren Sie Ihre Mitstreiter bei einer gemeinsamen Tasse Kaffee und indem Sie an Ihrer Beziehung arbeiten.

Wie kommt Kirche aus der Selbstbeschäftigung heraus und mit neuen Menschen in Kontakt?

Wenn Sie noch mehr zum Thema Reaktanz erfahren möchten, empfehle ich Ihnen das Buch „Reaktanz – Blindwiderstand erkennen und umnutzen" von Carmen Thomas, erschienen im adeo-Verlag.

Ich glaube fest daran, dass so eine langfristige Veränderung möglich ist, und möchte Sie ermutigen, Impulsgeber oder Impulsgeberin in Ihrer Gruppe zu werden. Probieren Sie zur Einführung ruhig eine kleine Veränderung in Ihrem Arbeitskreis aus. Wie wäre es mit dem Vorschlag, beim nächsten Pfarrfest vielleicht ein vegetarisches Gericht (außer Pommes) anzubieten oder einen Kirchort so herzurichten, dass er für eine spezielle Gottesdienstform (Kindergottesdienst) ausgebaut ist?

Die Möglichkeiten und Ideen sind schier unbegrenzt, aber wie können wir uns sicher sein, dass wir durch unsere Entscheidungen die Nutzerinnen und Nutzer auch in ihrer Spiritualität stärken?

Im Meer der Möglichkeiten

„Ja, prima, so können wir es machen!" – Ich beende das Telefonat und schaue meiner FSJlerin, die mir gegenübersitzt, ins Gesicht. „Wir gehen segeln!" – Freude bricht aus.

Wir hatten gerade die Zusage erhalten, dass eine Kleingruppe einer Pfarrgemeinde an unserer Segelfreizeit auf dem IJsselmeer teilnehmen würde. Diese Zusage bot uns die nötige Planungssicherheit und war der Startschuss für die Planung und Durchführung einer diözesanen Segelfreizeit für Jugendliche im Sommer 2019. Projektmanagement vom Feinsten: Transport, Buchung des Schiffs, Kommunikation, Werbung, Ausschreibung und das inhaltliche Programm standen in den kommenden Wochen im Fokus. Wichtig war uns von Anfang an, dass unser Programm mit spirituellem und religiösem Charakter Jugendliche auf ihrem Glaubensweg inspirieren sollte. So freute es mich besonders, dass es Teilnehmende gab, die mir persönlich noch unbekannt waren und sich dennoch auf die Ausschreibung einließen.

Unser Programm sollte Jugendliche auf ihrem Glaubensweg inspirieren.

So stachen wir mit 28 Teilnehmern ein paar Wochen später in See. Wir erlebten ein vielseitiges Angebot, waren tagsüber auf See mit allen Aufgaben, die auf dem Schiff so anfallen, abends dann im Hafen, mit Gesellschaftsspielen, Insel-Sightseeing und Sterne-Kucken auf Deck. Ein breites Angebot mit Pflichten bei der Mitarbeit, viel Gemeinschaft auf engem Raum und einem spirituellen Angebot durch Impulse, Zeit zur Selbstreflexion und Messfeiern auf dem Schiff und am Strand.

Mein persönlicher Anspruch war es, in dieser Zeit den jungen Menschen die Möglichkeit zu geben, in ihrer Beziehung zu Gott zu wachsen. Jedoch musste ich feststellen, dass nicht alle Jugendlichen die spirituellen Angebote nutzen wollten, wie sie von uns angedacht waren. „Haben wir zu viel davon im Programm stehen?", schoss mir durch den Kopf. Sind unsere Angebote zu weit von der Realität der Jugendlichen entfernt, dass sie sich darauf einließen? Die Gruppenreflexion am Ende der Freizeit brachte uns die Erkenntnis, dass es dennoch gut war, dass es diese Angebote gab. Viele dankten uns für die Freiheit der Teilnahme und die alternative Gestaltungsmöglichkeit in diesen Zeiten.

Es macht mich gelassen, wenn ich anerkenne, dass der Träger des Spirituellen immer die Nutzerin oder der Nutzer ist.

Daraus habe ich gelernt, dass es mich gelassen machen kann, wenn ich anerkenne, dass der Träger des Spirituellen immer die Nutzerin oder der Nutzer ist. Es liegt dann an uns, ob unser Angebot für seine Spiritualität förderlich ist. Aber Menschen entscheiden selbst, auf was sie sich einlassen.

„Es war ganz anders, als wir anfangs befürchtet haben“

Wir können getrost auf den Heiligen Geist und sein Wirken vertrauen. Die Herausforderung konzentriert sich eher darauf, zeitgemäße Angebote zu schaffen, die nicht sonderlich komisch wirken oder bei unseren Teilnehmern ein unwohles oder bedrängendes Gefühl bewirken.

Positiv kann ich hier die Ehevorbereitungskurse in unserem Bistum erwähnen. Bei der Reflexion am Ende des Seminars nehme ich bei allen teilnehmenden Paaren eine Erleichterung wahr. „Es war ganz anders, als wir es anfangs befürchtet haben!“, ist oft eine typische Aussage.

Leider hat Kirche in den vergangenen Jahren bei diesem Thema sehr viel falsch gemacht und eine ganze Generation negativ geprägt. Umso wichtiger ist es, dass dieser Tag nun endlich zeitgemäß gestaltet wird: dass Ehepaare als Referenten mitwirken und aus ihrem Alltag berichten, genauso wie der Priester, der mit den Paaren den Gottesdienstablauf klärt und die Fragen der Paare beantworten kann. Dieses Beispiel bestärkt mich und gibt mir Mut, dass wir uns auch in den anderen pastoralen Feldern auf unsere Nutzer einstellen und etwas ändern können. Ein spiritueller Abend für Paare kann auch in der ortsansässigen Wirtschaft stattfinden. Ebenso dürfen wir uns als Kirchengemeinde trauen, Angebote bei Stadtfesten oder der dörflichen Kirmes anzubieten. Es bleibt nur darauf zu achten, dass es nicht komisch wirkt.

Die Herausforderung konzentriert sich darauf, zeitgemäße Angebote zu schaffen, die nicht komisch wirken.

Ich gehe bei meinen Angeboten kontextbezogen immer folgende Kontrollfragen durch:

- Würdest du deinen besten Freund / deine beste Freundin dazu einladen?

- Würdest du deine eigenen Kinder auf diese Freizeit / zu diesem Angebot schicken?
- Würdest du das Angebot in deinem privaten WhatsApp-Status teilen?

Neudeutsch würde man es vielleicht den „Cringe[5]-Faktor" nennen, also sich für etwas fremdzuschämen.

Falls es einem schwerfällt, das selbst zu eruieren, kann ein Feedback-Gespräch mit einem Vertrauten helfen. Zu guter Letzt bleibt das „Trial and Error"-Prinzip: aus Fehlern zu lernen und sie am besten nur einmal zu machen.

Gekommen, um zu bleiben

Das Tröstliche ist: Gott ist überall. Nicht nur bei Menschen mit Sakristeischlüssel. Nicht nur bei Menschen mit Taufschein. Nicht nur bei Menschen mit kirchlichem Lohnzettel. Nicht nur bei Menschen katholischer Kirchensteuerpflicht.

Bei all dem, was Kirche gerade herausfordert und welchen Weg sie einschlagen muss, gibt es Geschichten und Erzählungen in der Bibel, aus denen ich Stärkung erfahre.

Ich nehme wahr, dass ich mich als Mitarbeiter in der Kirche vergleichsweise so fühle wie Paulus, als er in Athen auftritt. Gezielt nicht nur in der Synagoge, sondern auf der Agora, dem Markplatz, tritt er auf, einem Ort, wo die Menschen ihren alltäglichen Geschäften nachgehen, aber auch gerne Gespräche über grundlegende, philosophische Fragen führen. In seiner Rede finden sich Anknüpfungspunkte an die plurale Gedankenwelt seiner Zuhörerinnen und Zuhörer. Es sind Fragen nach dem Sinn des Lebens, nach dem Ursprung der Menschheit, aber auch nach der Bedeutung

> Gott ist überall. Nicht nur bei Menschen mit Sakristeischlüssel.

der Vielfalt der Völker und Kulturen bis hin zum Streben des Menschen nach Wissen und Erkenntnis, ja vielleicht sogar nach Gott. Aber auch Paulus muss erkennen, dass die Zuhörenden beim entscheidenden Punkt aussteigen und abwinken: Wenn er von der Auferstehung Jesu spricht.

Durch den Schwund der volkskirchlichen Bindung und Bildung befinden wir uns in einer ähnlichen Situation wie Paulus in Athen: Wir können nicht mehr auf das gemeinsame Material zurückgreifen, das es früher mit einer breit gestreuten biblischen Bildung und kirchlichen und gottesdienstlichen Praxis gab. Umso mehr können und sollten wir aber Anknüpfungspunkte in der Lebens-, Erfahrungs- und Gedankenwelt der säkular und pluralistisch ausgerichteten Zeitgenossen suchen, dürfen uns dabei aber bewusst sein, dass der Weg zu einer Verständigung um vieles länger ist.

Haben Sie den Mut, spirituelle Angebote für eine säkulare Umwelt zu schaffen, damit Menschen daraus gestärkt werden können.

Bei meiner Challenge mit Heike am Anfang dieses Kapitels war von der Aufgabenstellung her eine „Verkündigung“ ausdrücklich ausgeschlossen. Es ging um das bloße Zuhören, um daraus zu lernen. Somit wäre die Intention, einen Menschen, der sich um Fragen seines Glaubens normalerweise keine Gedanken macht, mit diesen Fragen zu konfrontieren und so eine Offenheit zu schaffen. Das Nachdenken über die Fragen kann beim Befragten das Interesse wecken, zurückzufragen: „Und wie denkst Du darüber?“ Dann darf, ja muss ich den Mut haben, selbstbewusst von meinen Erfahrungen und Überzeugungen des Glaubens zu sprechen, am besten in einer Sprache und Haltung, die für das Gegenüber verständlich ist. Natürlich bleibt dabei die Gefahr, dass der Cringe-Faktor besonders hoch wird – vgl. Zeugen Jehovas –, besonders wenn Menschen zu solcher Missionsarbeit gedrängt oder gezwungen werden, denen es vom Charakter her überhaupt nicht liegt, so offensiv auf Leute zuzugehen und sie anzusprechen.

Am Ende dieses Kapitels bleibt mir, Sie zu ermutigen, mit Ihrer Kraft und Ihrem Wirken mit Menschen in Beziehung zu treten und immer wieder neue Kontaktflächen anzubieten.

Haben Sie den Mut, spirituelle Angebote für eine säkulare Umwelt zu schaffen, damit Menschen daraus eine Stärkung für ihr Leben empfangen können.

Anmerkungen

[1] Vorname wurde geändert.
[2] Ich habe dich wirklich gern.
[3] Zugezogener.
[4] Wenn ich dich sehe, habe ich Ameisen im Herz, vgl. Schmetterlinge im Bauch.
[5] „Cringe" kommt aus dem Englischen und bedeutet übersetzt so viel wie „zusammenzucken" oder „schaudern".

Epilog

Es fängt gerade erst an ...

Mein Blick streift über den Computerbildschirm. Er wandert von Bildschirmkachel zu Bildschirmkachel. Vor mir sehe ich eine spannende Zusammensetzung an Lebenserfahrungen, beruflichen Hintergründen, kirchlichen Sozialisationsformen und Kompetenzen. Es ist ein Meer aus Wissen und ein Schatz an Kreativität, Mut und Engagement, das mir da aus den Gesichtern der Kolleginnen und Kollegen für Citypastoral in der Videokonferenz entgegenstrahlt. Es ist aufbauend, Menschen um mich zu haben, die von dem gleichen Anliegen angetrieben werden – schießt es mir durch den Kopf –, die mit den gleichen Herausforderungen kämpfen, die durch Scheitern und Gelingen lernen und die tagtäglich über sich hinauswachsen, weil sie daran glauben und festhalten, dass Kirche mehr sein kann in der Welt von heute, wenn sie sich traut.

Wir sind überzeugt davon, dass Gott eine Idee für seine Kirche hat. Dass er Wege und Möglichkeiten eröffnet, seine Botschaft in der Sprache von heute weiterzuerzählen. Wir müssen als Mitarbeiterinnen und Mitarbeiter, als Christinnen und Christen nicht alles neu und anders machen – sondern wieder sensibel werden, fragend und demütig Gott suchen in der Welt von heute.

Fühlen Sie sich berufen zum Aufbruch.

Es fängt gerade erst an ...

Ihr Team der Citypastoral im Bistum Fulda

Bleiben Sie mit uns im Kontakt!

www.kirche-kann-viel-mehr.de

Hier finden Sie auch weitere Inhalte zum Download.

Mehr als eine Checkliste: acht praktische Tipps

- ✻ Suche gezielt Begegnungen mit Menschen außerhalb deiner Muster und interessiere dich für sie und ihre Geschichte.
- ✻ Geh in der Kommunikation mit der Zeit und trau dich, sichtbar zu werden.
- ✻ Lass Profis ran und mach nicht alles selbst. In Qualität zu investieren, lohnt sich.
- ✻ Mach dir bewusst, dass deine vertraute Form von Kirche viele Menschen ausschließt. Halte dein Herz offen für all jene, die Kirche anders brauchen.
- ✻ Plane deine Vorhaben aus der Sicht deiner Zielgruppe und ihrer Bedürfnisse. Kreiere Angebote, die deine Zeitgenossen wirklich benötigen.
- ✻ Wage es, Gelegenheiten und Kooperationen außerhalb der binnenkirchlichen Grenzen zu suchen.
- ✻ Rechne damit, dass Gott überall wirken kann, auch außerhalb deiner binnenkirchlichen Grenzen.
- ✻ Gewöhne dich an deine eigene Unsicherheit. Sie ist außerhalb der Komfortzone ein wichtiger Begleiter.

ANHANG
Kriterien citypastoraler Projekte im Bistum Fulda

#	Positivformulierung	Negativformulierung
1	Dem citypastoralen Projekt geht eine Analyse der Situation der Stadt voraus, die den citypastoralen Akteur:innen hilft, die Situation und die Themen der Menschen in städtischen Räumen besser zu verstehen.	Es fußt nicht allein auf einer unpräzisen Situationseinschätzung oder einer subjektiven Richtungsvorgabe.
2	Das citypastorale Projekt wird mithilfe eines professionellen Projektmanagements vorbereitet und durchgeführt. Es dokumentiert Ziele und Gründe der Projektinitiierung und gibt Auskunft über Zeitraum, Kosten und Rollen.	Es geht nicht planlos vor und seine Durchführung wird nicht dem Zufall überlassen.
3	Das citypastorale Projekt reagiert auf eine Bedürfnislage von Menschen in der Stadt.	Es projiziert inhaltlich-kirchliche Zielsetzungen oder Rhythmen nicht blind auf die Stadt.
4	Das citypastorale Projekt ist ein profiliertes Angebot, das sich explizit auf die Stadt und die sich darin aufhaltenden Menschen bezieht.	Es ist kein Angebot, das sich auf kirchliche Binnenbereiche bezieht.
5	Das citypastorale Projekt richtet sich an Personen, die von bisherigen Angeboten der Kirche nicht angesprochen werden.	Es richtet sich nicht vorrangig an gemeindekirchliche Zielgruppen.

#	Positivformulierung	Negativformulierung
6	Das citypastorale Projekt fördert den punktuellen und passageren Kontakt der Kirche mit der Stadtgesellschaft.	Es dient nicht (primär) der Rekrutierung oder Bindung neuer Kirchenmitglieder.
7	Das citypastorale Projekt schätzt den Wert städtischer Kulturen wert und fördert die Entfaltung städtischen Lebens.	Es richtet sich nicht kulturpessimistisch und pauschal gegen kulturelle Realitäten.
8	Das citypastorale Projekt nimmt ernst, dass seine Zielgruppen über eigene weltanschauliche Haltungen mit hoher persönlicher Plausibilität verfügen.	Es diskreditiert Formen von Spiritualität und Lebensbewältigung nicht als zweitklassig.
9	Das citypastorale Projekt schafft Gelegenheiten zur spirituellen Inspiration der Stadt, die Neugier am christlichen Glauben weckt.	Es drängt den Menschen weder vorformulierte Botschaften auf noch hält es sich gänzlich mit Lebensinspiration zurück.
10	Das citypastorale Projekt bringt Menschen auf eine Weise in Berührung mit der Botschaft des Evangeliums, die modernen Kommunikationsstandards entspricht.	Es verzichtet nicht darauf, (in angemessener Weise) von Gott und seiner Heilszusage zu sprechen.
11	Das citypastorale Projekt entwickelt und erprobt neue Ideen und Formen von Kirche und prüft sie auf Zukunftsfähigkeit.	Es schafft keine kirchlichen bzw. sakralen Exklaven, die sich der urbanen Logik entziehen.
12	Das citypastorale Projekt nutzt den öffentlichen Raum und die städtischen Strukturen als Handlungsort und gestaltet sie mit.	Es reduziert Kirche nicht auf Kirchtürme, Sakralräume und Gemeindeheime.

#	Positivformulierung	Negativformulierung
13	Das citypastorale Projekt strebt nach gesellschaftlicher Akzeptanz und trägt zur Sichtbarkeit der Kirche als interessante Akteurin in der Zivilgesellschaft bei.	Es gibt sich nicht introvertiert und unterschätzt die Bedeutung gesellschaftlicher Anerkennung nicht.
14	Das citypastorale Projekt findet und realisiert gemeinsame Anliegen in Kooperation mit zivilgesellschaftlichen Akteur: innen.	Es inszeniert sich nicht selbst als Mittelpunkt der Stadtgesellschaft und schlägt Allianzen nicht grundlos aus.
15	Das citypastorale Projekt spricht die Sprache der Stadt, greift städtische Ästhetiken auf und nutzt moderne (digitale) Kommunikationsmittel.	Es redet nicht im binnenkirchlichen Jargon und hält sich nicht nur an konventionelle Darstellungsweisen.
16	Das citypastorale Projekt beinhaltet eine Evaluation in Bezug auf Zielerreichung, Zielgruppenorientierung und Wiederholbarkeit.	Es entzieht sich nicht der Wirkungsprüfung.

Das Autorinnen- und Autoren-Team

Iñaki Blanco ist Spanier – nein, Baske! – mit Standvermögen und unglaublicher Warmherzigkeit. Er studierte Theologie und Philosophie. In einem früheren Leben war er Religionslehrer und Schulseelsorger in einem Stadtteil von Zaragoza. Seit 2017 in der Citypastoral in Hanau tätig, setzt er sich für mehr Gastfreundschaft, Gespräch und echte Nähe zu den Menschen ein. „Wenn Kirche auf die Straße geht …" ist sein Motto und seine Leidenschaft. Er hat große Lust auf Menschen – Begegnungen im Einkaufszentrum oder auf dem Marktplatz geben ihm Energie. Wegen der Liebe nach Deutschland gezogen, bereichert er die multikulturelle Stadt Hanau als Vater von zwei Kindern. Privat liebt er spanische Literatur, Radfahren im Wald und eine gute Tasse Kaffee.

Paul Kowalski hat Soziale Arbeit studiert und ist seit 2023 Referent für Citypastoral in Fulda. Zuvor hat er 12 Jahre lang in der Schüler- und Jugendpastoral unglaublich vielseitige Erfahrungen gemacht. Er ist ein leidenschaftlicher Mentor und ein kreatives Feuerwerk. Seine Liebe für gute Qualität und hohe Nutzerfreundlichkeit spornen ihn an, immer noch ein Quäntchen draufzusetzen. Als Kind emigrierter polnischer Eltern hat er Kirche noch in ihrer traditionellsten Art erlebt – und gleichzeitig in der nordhessischen Diaspora erfahren, was Glaubensgemeinschaft heute heißen kann. Er lebt mit seiner Frau und drei Kindern in einem alten ehemaligen Pfarrhaus, liebt Gesellschaftsspiele und philosophiert, wenn er an schweren Geräten Brennholz zuschneidet, gerne vor sich hin.

Marieke Kräling ist studierte Betriebswirtin und Bildungswissenschaftlerin. Nach mehrjähriger Tätigkeit in der Wirtschaft wagte sie den Sprung in die kirchliche Arbeit. Seit 2019 arbeitet die zweifache Mutter als Referentin für Citypastoral in Marburg. Mit christlichen Werten aber in kritischer Distanz zur Kirche sozialisiert rang sie viele Jahre mit ihrer eigenen Haltung zur katholischen Kirche, bis sie sich im Jahr 2011 taufen ließ. Bei ihrer Arbeit in der Citypastoral hilft ihr der frühere Blick „von außen" bei der Frage, wie man Menschen mit den Themen Gott, Glaube und Kirche in Berührung bringt. Privat liebt sie es, in fremde Kulturen einzutauchen – vor allem auch kulinarisch.

Kerstin Leitschuh ist Politikwissenschaftlerin und Germanistin, Fundraisingreferentin und Social-Media-Managerin. Ihre Heimat ist das süd-westliche Baden-Württemberg, wo sie über ein Jahrzehnt als Dekanatsreferentin wirkte. Die Liebe führte sie nach Kassel, wo sie jetzt Referentin für die Citypastoral ist. Ehrenamtlich engagiert sie sich schon viele Jahre für die Deutschen Katholikentage oder schreibt mit ihrem Mann spirituelle Bücher. Es macht ihr Freude, die Botschaft Jesu für Menschen zu übersetzen, die diese bisher nicht auf ihrem Schirm haben. Und sie hat eine Schwäche für spannende Instrumente: Schalmeie und Mellophon.

Claudia Plociennik studierte Religionspädagogik und verdiente sich ihre pastoralen Sporen als Gemeindereferentin an der Basis. Ihr ostdeutscher Dialekt ist kaum noch hörbar – aber Kirche im säkularen Umfeld von Sachsen-Anhalt zu leben, hat sie geprägt. Die Mutter von drei Kindern ist heute Referentin für Citypastoral in Marburg. Sie hat einen Trüffelsucher-Blick für gute Gelegenheiten und kann daraus kreative Wege von Kirche zaubern, die alle erstaunen. Auch wenn sie aktuell keine Beheimatung in einer Gemeinde spürt, ist sie sich sicher: „Da gibt es jemanden, der mein Leben hält." Privat findet sie im Brennholzschlagen und Nähen ihren Ruhepol und Ausgleich zum Job.

Simone Twents ist Theologin und Pädagogin, Autorin und Sprecherin beim HR. Die Frau mit der ansteckenden Lache – dafür ist sie bekannt. Ihre Leidenschaft dafür, dass zwischen Gott und Menschen etwas passiert, treibt sie um. Ihre Art, die Dinge zu strukturieren und mit Herz und Verstand anzupacken, haben sie erfolgreich gemacht. Sie hat verschiedene pastorale und innovative Felder in Fulda und Düsseldorf beackert, unter anderem als Programmverantwortliche des renommierten Düsseldorfer Maxhauses. Aktuell ist die gebürtige Münsterländerin Fachverantwortliche für die Citypastoral im Bistum Fulda und Leiterin der strategischen Initiative für pastorale Innovation. Sie kämpft leidenschaftlich für die Ahnung, dass Kirche auch anders gehen kann. Privat liebt sie Zumba und Improvisationstheater, schwarzen Espresso und Reisen ans Meer.

Bernadette Wahl ist Religionspädagogin, Theologin und systemische Beraterin. Seit mehr als 4 Jahren entwickelt sie innovative Projekte im Rahmen der Citypastoral in Fulda. Sie liebt es, Ideen, Personen und Inhalte ungewohnt und humorvoll zu kombinieren und nutzerorientiert zu übersetzen. Sie hat eine unbestechliche Gabe, unbequeme systemische Fragen zu stellen und dem Sinn der Dinge auf den Grund zu gehen. Diese setzt sie seit Anfang 2023 auch im Grundsatzreferat des Generalvikariates ein. Privat spielt sie gerne am Klavier und außerdem seit über 30 Jahren im Heimatverein TV Neuhof Handball.